Leni Fiedelmeier

Dackel

Aufzucht, Pflege, Ernährung, Krankheiten
Sonderteil: Dackel richtig erziehen

Mit Farbfotos bekannter Tierfotografen
und Zeichnungen von Sepp Arnemann

GU
Gräfe und Unzer

Titelseite: Kurzhaardackel (Foto Ullmann)
Umschlag-Rückseite: 2 Rauhhaardackel (Foto Wegler)

Die Fotografen:
Animal/Thompson: Seite 45; Fiedelmeier: Seite 17 r. u., Ullmann: U 1, U 2, Seite 17, l. u., Seite 18, 28, 46, 63, 64; Vogeler: U 3, Seite 27; Wegler U 4; Seite 17 l. o.; r. o.

CIP-Kurztitelaufnahme der Deutschen Bibliothek

Fiedelmeier, Leni:

Dackel: Rauhhaar-, Kurzhaar-, Langhaardackel; Aufzucht, Pflege, Ernährung, Krankheiten; [Sonderteil: Dackel richtig erziehen] / Leni Fiedelmeier. Mit Farbfotos bekannter Tierfotogr. u. Zeichn. von Sepp Arnemann. – 4. Aufl. – München: Gräfe und Unzer, 1986.

ISBN 3-7742-2017-4

4. Auflage 1986

Redaktionsleitung: Hans Scherz
Lektorat: Herta Kraupa-Tuskany
Umschlaggestaltung: Constanze Reithmayr-Frank
Satz und Druck des Textteils:
Buch- und Offsetdruckerei Wagner GmbH,
Reproduktion und Druck der Farbtafeln und des Umschlags: Graphische Anstalt E. Wartelsteiner
Bindung: R. Oldenbourg

ISBN 3-7742-2017-4

Inhalt

Inhalt

Ein Wort zuvor

Eine runde Million Dackel tummelt sich bei uns in der Bundesrepublik Deutschland. Eigentlich eine erstaunliche Zahl, wenn man bedenkt, daß der kleine Kerl als äußerst eigenwillig, schwer erziehbar – ja, sogar als nicht erziehbar gilt.
Eigenwillig ist er, das stimmt. Er muß es sein – als kleinster Jagdgebrauchshund braucht er viel Mut und Selbständigkeit, um seine Aufgaben zu erfüllen. Hier also liegt der eigentliche Grund für seine Dickköpfigkeit. Warum aber holen so viele Hundefreunde sich gerade einen Dackel als Familienhund ins Haus?
Nun, der Schlingel besitzt einen umwerfenden Charme und liefert immer neue Beweise seiner Pfiffigkeit. Es ist gar nicht so einfach, seinem treuherzigen Blick zu widerstehen, wenn er wieder einmal etwas angestellt hat, und statt zu lachen mit ihm zu schelten. Aber genau das müssen Sie! Sobald er nämlich merkt »mit der oder dem kannst du es ja machen« – und er merkt es schnell –, tanzt er seinem Menschen auf der Nase herum.
Lassen Sie es dazu gar nicht erst kommen. Die konsequente Erziehung des Dackels ist eine Notwendigkeit. Deshalb habe ich dem Thema »Erziehung« in diesem Buch einen so breiten Raum eingeräumt. Aber auch andere wichtige Fragen »rund um den Dackel« habe ich behandelt: Worauf Sie unbedingt achten müssen, wenn Sie Ihren Dackel kaufen, wie Sie ihm bei der Eingewöhnung in sein neues Zuhause helfen können und was er braucht, um sich bei Ihnen wohl zu fühlen. Außerdem habe ich Ihnen von neuen Erkenntnissen in der Hundeernährung und auf dem Gebiet der Veterinärmedizin berichtet und einige Aspekte der Zucht erörtert.
Fünfundzwanzig Jahre habe ich mit Dackeln gelebt und meine helle Freude an ihnen gehabt – Ärger gab es natürlich ab und zu auch. Daß bei Ihnen ebenfalls die Freude an unserem vierbeinigen Komiker überwiegt, dazu möchte Ihnen dieses Buch verhelfen.
Mein besonderer Dank gilt Herrn Sepp Arnemann, der mit seinen humorvollen Zeichnungen die verschiedensten Situationen der Dakkel-Mensch-Beziehung so hübsch illustriert hat, und dem Verlag, der das Buch so liebevoll gestaltet hat.
Und nun also: Viel Spaß an diesem Buch, das Ihnen hoffentlich ein verläßlicher Ratgeber in Fragen der Dackelhaltung sein wird.

Leni Fiedelmeier

Überlegungen vor der Anschaffung

Ein Dackel – der richtige Hund für Sie?

Auf der Liste beliebter Hunderassen steht der Dackel ganz weit oben. Allenfalls rangieren Pudel und Schäferhund noch vor ihm. Das heißt also, daß sich sehr viele Hundefreunde für einen Dackel entscheiden. Wenn ich mich in der näheren und weiteren Umgebung meiner Wohnung umsehe, kann ich das aus eigener Anschauung nur bestätigen. Es scheint also doch nicht so besonders schwierig zu sein, mit einem Dackel »klarzukommen«. Gewiß, es gibt auch Dackelbesitzer, die dem Eigenwillen ihres Hundes recht hilflos gegenüberstehen. Aber dies ist sicher nicht die Schuld des Hundes, sondern das »Herrchen« hat sich von Anfang an nicht ausreichend bemüht, seinen Wünschen Nachdruck zu verleihen.
Möchten Sie nun einen gehorsamen Hund haben, wissen aber, daß Sie nicht gerade zu den Willensmenschen mit Durchsetzungsvermögen gehören, dann sollten Sie es sich doch sehr überlegen, ob Sie ausgerechnet Dackelbesitzer werden wollen. Für Hundefreunde mit wenig Energie oder erzieherischen Talenten gibt es aber verschiedene Rassen, die ihrer Art nach fügsamer sind als unser willensstarker Freund. Sie sollten sich daher vor dem Kauf eines Dackels darüber im klaren sein, daß auch ein so kleiner Hund eine regelrechte und konsequente Erziehung erhalten muß.
Sie brauchen als Dackelhalter auch einigen Sinn für Humor. Dackel – vor allem Welpen – besitzen einen unerschöpflichen Vorrat an Einfällen im Unfugmachen!
Eine Rolle bei der Überlegung, ob ein Dackel der richtige Hund für Sie ist, spielt außerdem die Wohnung. Gewiß paßt ein Dackel, zumal in seiner Zwergform, sehr gut auch in eine kleine Wohnung. Er paßt aber nicht in eine Etagenwohnung, wenn kein Lift vorhanden ist; je höher Sie wohnen, um so weniger.
Warum nicht? Dackel sind nicht zum Treppensteigen gebaut, ihre sehr kurzen Beine im Verhältnis zum langen Rücken ergeben eine schlechte »Übersetzung«. Das Rückgrat, die Bandscheiben werden beim Erklimmen von Treppen extrem strapaziert: Bandscheibenvorfall mit Lähmungserscheinungen können die üble Folge sein. »Dackellähme« ist die Bezeichnung dieser Krankheit, von der auch andere Rassen befallen werden können und die im Kapitel über Krankheiten (→Seite 40) noch ausführlich beschrieben wird.
Es gibt natürlich einen Ausweg, wenn Sie in einem Haus ohne Lift in den oberen Etagen wohnen; Sie können den Hund tragen. Diese Möglichkeit sollten Sie aber sehr genau durchdenken, denn die reine Freude ist es nicht! Der normal große Dackel kann bis zu acht Kilo wiegen – das sind also sechzehn Pfund, die Sie schleppen müssen; und das auch, wenn der Hund naß und schmutzig vom Spaziergang kommt. Mit einem Zwerg- oder Kaninchenteckel können Sie das schon eher schaffen, aber sehr bequem ist das gerade nicht!
Mancher Hunde-Interessent macht seine Entscheidung auch davon abhängig, wie es sich mit dem Pflegeaufwand der gewünschten Rasse verhält. Da bieten Dackel ja eigentlich »für jeden etwas«, einmal ganz davon abgesehen, daß sie nicht getrimmt oder geschoren werden müssen (in dieser Beziehung also auch keine Kosten verursachen).
Am leichtesten zu pflegen ist natürlich der Kurzhaardackel. Der Anspruchsvollste in diesem Punkt ist der Langhaardackel, und dazwischen rangiert der beliebte Rauhhaardackel. Hier ist also der persönliche Geschmack ausschlaggebend, denn die Pflege ist auch bei Langhaar und Rauhhaar meiner Meinung

nach kein Hinderungsgrund. Ein Viertelstündchen zum Putzen genügt vollkommen, und diese Zeit hat sicher jeder Hundefreund täglich für seinen Vierbeiner übrig.

7 Gewissensfragen an den Dackelfreund

Sie sehen, was Sie vernünftigerweise alles bedenken sollten, und zwar *vor* einem Hundekauf. Alle weiteren Betrachtungen, die Sie vor der Anschaffung des ersten Hundes anstellen sollten, betreffen nicht allein den Dackel, es sind grundsätzliche Erwägungen. Beantworten Sie bitte die folgenden Fragen ganz ehrlich vor sich selbst:

Sind Sie bereit und in der Lage, auch in solchen Situationen verständnis- und humorvoll zu reagieren?

- Sind Sie sich darüber klar, daß das Halten eines Hundes nicht nur erfreuliche Seiten hat?
- Sind Sie nicht nur bereit, sondern auch tatsächlich in der Lage, dem Hund einen nicht unerheblichen Teil Ihrer Zeit zu widmen?
- Hat der Hauswirt oder die Wohnungsgesellschaft – falls Sie zur Miete wohnen – Ihrer Hundehaltung zugestimmt? (Lassen Sie es sich lieber schriftlich geben.)
- Sind Sie bereit, jeden Tag – außer dem notwendigen Gassiführen zum Lösen – mindestens *einen* längeren Spaziergang mit Ihrem Dackel zu machen?
- Bringen Sie genügend Geduld, Zeit und Liebe auf, sich täglich mit Ihrem Hund zu beschäftigen und ihn häufig zu streicheln?
- Wissen Sie, daß ein junger Hund, ein Welpe, eigentlich ständiger Aufsicht bedarf?
- Sind Sie in der Lage, alle Kosten für die Haltung Ihres Dackels zu bestreiten?

Sie können nun in aller Ruhe überlegen, ob Sie als Hundebesitzer geeignet sind und ob ein Dackel für Sie der richtige Hund ist.

Wo kaufen Sie Ihren Dackel am besten?

Wenn Sie Wert auf einen rassereinen Hund mit einwandfreier Ahnentafel legen, wenden Sie sich an den Deutschen Teckelklub e. V. (→Seite 69) und bitten um Angabe von Züchteranschriften. Alle in das Stammbuch des DTK eingetragenen Teckel bekommen eine Nummer in ein Ohr tätowiert. Die Nummer steht natürlich auch auf der für diesen Teckel ausgestellten Ahnentafel: Sie haben also die absolute Sicherheit, daß Hund und Ahnentafel auch wirklich zusammengehören.

Lassen Sie sich mehrere Zwinger nennen und scheuen Sie nicht die Mühe, selbst hinzufahren und sich anzusehen, wie die Hunde gehalten werden! Schwarze Schafe gibt es überall, und nicht jede Teckelzucht entspricht den Vorstellungen, die man von einer guten Hundezucht aus persönlicher Liebhaberei hat.
Ich rate stets, von einem echten Hobbyzüchter zu kaufen und nicht aus einer Großzucht mit Zwingerhaltung. Wer einen ganz persönlichen Kameraden, einen echten Familienhund haben möchte, ist mit einem im Zwinger aufgewachsenen Welpen nicht immer gut dran! Diese Welpen haben wenig Kontakt zu Menschen, und das macht sich um so stärker bemerkbar, je älter der Welpe ist. Hat er mehr als zwölf Wochen im Zwinger gelebt, ist die erste Prägungsphase schon vorüber. Der im Haus aufgewachsene Welpe ist zu diesem Zeitpunkt meist schon fast völlig stubenrein und außerdem an Halsband und Leine gewöhnt. Das erleichtert seine weitere Erziehung sehr. Meine Welpen sind stets mit »vollem Familienanschluß« aufgewachsen – was sich für ihre Käufer natürlich sehr angenehm bemerkbar machte.
Mancher scheut davor zurück, eine etwas weitere Fahrt zur Zwingerbesichtigung zu machen. Bedenken Sie aber bitte, daß ein Hund für – hoffentlich – zwölf bis fünfzehn Jahre mit Ihnen leben soll. Sie können gar nicht sorgfältig genug bei der Wahl Ihres vierbeinigen Hausgenossen sein! Er ist weder eine Maschine noch ein Haushaltsgerät, das Sie bei »Nichtgefallen« einfach umtauschen. Gewiß kann es Fälle geben, in denen sich trotz aller Vorplanung im Endeffekt zeigt: es geht leider nicht, wir müssen uns von dem so erwünschten Hausgenossen wieder trennen. Dann müssen wir aber dem Tier gegenüber so viel Verantwortungsbewußtsein besitzen, daß wir mit Umsicht einen guten Platz suchen und es nicht einfach abschieben; es darf uns nicht egal sein, was aus ihm wird.
Doch das sollten eben Ausnahmefälle sein, und damit es bei Ihnen nicht zu dieser Ausnahme kommt, kann ich nur immer wieder betonen: Erst überlegen – dann ein zweites Mal überlegen – und dann mit viel Überlegung kaufen.

Warnung vor Spontankäufen

Und was ist mit den »Spontankäufen«, vor denen kein Tierfreund sicher ist? Spontane, unüberlegte Käufe können zustandekommen, wenn wir irgendwo in einem Schaufenster Welpen ausgestellt sehen und, von Mitleid überwältigt, wenigstens einen von ihnen befreien möchten. Sie sollten aber wissen, daß solche Käufe mit einem Risiko verbunden sind. Die jungen Hunde kommen meist aus dem Ausland oder stammen von kommerziell ausgerichteten Großzüchtern, bei denen Hunde leider fast wie eine Ware »produziert« werden. Mit der Gesundheit dieser Welpen ist es meist nicht weit her. Wenn Sie aus Mitleid solch einen kleinen Hund gekauft haben, sollten Sie auf jeden Fall als erstes mit ihm zum Tierarzt zu einer gründlichen Untersuchung gehen.
Anders ist es, wenn Sie Ihren Welpen in einem seriösen Zoofachgeschäft oder in einer der gut geführten Zoo-Fachabteilungen eines Warenhauses kaufen. Die Jungtiere stammen überwiegend aus guten deutschen Zuchten, sind ordnungsgemäß geimpft und haben die entsprechenden Papiere, außerdem werden sie in der Regel veterinärmedizinisch betreut. Erkundigen Sie sich vor dem Kauf bei dem zuständigen Tierarzt nach dem Gesundheitszustand des Welpen. So können Sie sicher

sein, daß Sie einen gesunden Hund mit nach Hause nehmen.
Falls Sie Ihren Dackel auf ein Zeitungsinserat hin kaufen wollen, klammern Sie sofort die Angebote aus, in denen »Hunde aller Rassen« oder auch nur eine Vielzahl von Rassen »aus eigener Zucht« angeboten werden. Zwar können auch seriöse Züchter zwei, drei und in Ausnahmefällen auch einmal vier Rassen haben und züchten. Wesentlich ist dann aber, daß sie in den entsprechenden Verbänden sind, die wiederum dem Verband für das Deutsche Hundewesen e. V. (VDH) unterstehen. In diesem Fall ist dann eine gewisse Garantie gegeben. Eine gewisse – keine absolute, das betone ich noch einmal. Darum auch immer wieder meine dringende Empfehlung: Lassen Sie sich niemals einen Welpen schikken, wenn Sie vorher nicht den Zwinger besichtigt und die Mutter Ihres Welpen gesehen haben! Sind die Hundebabys dann noch zu jung, so daß Sie den Welpen Ihrer Wahl nicht gleich mitnehmen können, läßt sich eventuell darüber reden, daß Ihnen der Welpe, sobald er das entsprechende Alter hat, geschickt wird. Eine ideale Lösung ist dies allerdings nicht, das möchte ich besonders unterstreichen! Die Gründe dafür sind:

- Es kommt oft vor, daß junge Hunde einen Schock bekommen, wenn sie aus der gewohnten, behüteten Umgebung gerissen, in eine Kiste gesperrt und – ganz auf sich gestellt – lange Zeit transportiert werden.
- Es ist nicht bekannt, wie lange das Expreßgut unterwegs ist und wo die Kiste bei Umladungen abgestellt wird. (Ich habe schon solche Transportkisten mit wimmernden Hunden in praller Sonne auf dem Bahnsteig stehen sehen und erst mit der Drohung, die Polizei zu rufen, ein Umsetzen der Kiste in den Schatten erreicht.)
- Es ist vorher nicht abzusehen, wie sich ein Transportschock auf den Welpen auswirkt. Auch ein reibungsloser Versand hinterläßt meist Spuren, die sich dann im Wesen des kleinen Hundes ausdrücken.

Aus diesen Gründen habe ich es immer strikt abgelehnt, meine Welpen zu verschicken. Wer seinen Dackel nicht abholen konnte, schied als Käufer aus. Sie können übrigens sicher sein: je genauer der Züchter Sie »überprüft«, die Verhältnisse, in denen einer seiner Welpen leben soll, je mehr er von Ihnen und Ihrem Wissen über das vernünftige Halten von Hunden erfahren möchte – um so besser wurden diese Welpen aufgezogen, um so mehr Mühe hat er sich mit ihnen gegeben. Bei

Hundekauf ist Vertrauenssache. Am besten kaufen Sie direkt bei einem vom VDH empfohlenen Dackelzüchter.

Züchtern, die ihre »Produkte« zu möglichst hohen Preisen wie eine beliebige Ware anbieten und verkaufen, sollten Sie sich zunächst einmal genau umsehen, den Pflegezustand der Zuchthunde kritisch mustern und auf das Verhalten der älteren Hunde achten. Machen sie einen scheuen, ängstlichen Eindruck und scheinen sie keine echte Bindung zum Menschen zu haben – dann ist von einem Kauf dringend abzuraten.
Das sind Überlegungen, die Sie rechtzeitig anstellen sollten; verbunden mit einigen Bemühungen wie Auskünfte einholen, Züchteranschriften besorgen, Zwinger besichtigen. Denken Sie immer daran: jede Mühe lohnt sich, denn Sie wollen ja »ein ganzes Hundeleben lang mit dem Vierbeiner glücklich sein«!

Wie suchen Sie einen Welpen aus?

Züchteradressen sind besorgt, vielleicht haben Sie sogar schon einen Zwinger besucht und wissen nun, wo Sie Ihren Hausgenossen holen werden. Sind die Welpen bereits geboren, durften Sie vermutlich auch schon einmal die kleine Bande betrachten. Dies allerdings kaum, bevor die Welpen drei Wochen alt sind, denn vorher würde sich die Hundemutter über fremden Besuch viel zu sehr aufregen. Ein Unkundiger erkennt in so einem kleinen Welpen ohnehin noch nichts weiter als ein drolliges fellbezogenes Etwas. Erst wenn die Kleinen anfangen zu spielen, können Sie schon Unterschiede in ihrem Verhalten bemerken. (Der Züchter, der die Welpen täglich betreut, erkennt allerdings schon an der Art, wie sich die Winzlinge an den mütterlichen Milchquell drängen, wer der Kräftigste ist und das beste Durchsetzungsvermögen hat.) Im Spiel – das ja nichts anderes als spielerische Vorbereitung auf den »Ernst des Lebens« ist – verraten die Welpen sehr viel über ihre charakterlichen Anlagen. Man muß sie dann aber ungestört sich selbst überlassen, darf nicht in das Spiel eingreifen, sondern sollte sie nur still beobachten. Sehr bald läßt sich erkennen, wer der Anführer in der Meute der Kleinen ist, wer sich zurückhält, eher vorsichtig ist oder sich sogar ganz aus dem Spiel zurückzieht. Je älter die Welpen werden, um so deutlicher zeichnen sich die Unterschiede ab, natürlich auch die körperlichen. Sie als Interessent müssen sich nun die Frage beantworten, welchen »Charaktertyp« Sie gern haben wollen: den mit dem größten Durchsetzungswillen (den wird er später selbstverständlich auch an Ihnen erproben!) oder lieber einen fügsamen, der sich dann mit großer Wahrscheinlichkeit auch leichter erziehen lassen wird. Vielleicht wünschen Sie sich einen kleinen Hund, dessen Wahlspruch es ist: »Nur keinen Streit vermeiden«? Auch so etwas gibt

Dackelwelpen sehen auf den ersten Blick alle gleich aus. Wer sie eine Zeitlang beobachtet, wird bereits in diesem Alter deutliche körperliche und charakterliche Unterschiede feststellen können.

es – und es läßt sich bereits frühzeitig recht gut erkennen. Aber Sie müssen dann natürlich mit Raufereien, Ärger und vermutlich auch Tierarztkosten rechnen. Das Gegenstück zum Draufgänger wäre der Überängstliche – der allerdings auch nicht ganz problemlos zu halten ist. Abgesehen davon, daß sich gerade besonders ängstliche Hunde oftmals zu Angstbeißern entwickeln, ist es auch sonst nicht erfreulich, ständig die schlechten Nerven seines Hundes berücksichtigen zu müssen.

Wie erkennen Sie nun unter den Welpen den Überängstlichen? Ein junger Hund, der mit Menschen vertraut ist, muß ohne besondere Hemmungen zu Ihnen kommen, er soll nicht ängstlich zurückweichen, wenn Sie ihn anfassen wollen – das Berühren muß allerdings langsam und ruhig geschehen, Sie dürfen den kleinen Hund nicht einfach anpacken! Der Welpe darf sich also nicht knurrend in einen Winkel verkriechen, wenn Sie sich ihm nähern, oder gar nach Ihrer Hand schnappen.

Ich möchte zu diesen Ratschlägen noch einmal betonen: Sie gelten nur für menschenvertraute Welpen! Wachsen junge Hunde unter Artgenossen im Zwinger auf und kommen in den ersten Wochen ihres Lebens nur wenig mit Menschen in Berührung, kann ihr Verhalten ganz anders – von Mißtrauen und Vorsicht geprägt – sein. Sie müssen den Menschen ja erst kennenlernen und langsam Vertrauen fassen. Die Grundcharakterzüge können Sie natürlich auch bei Zwingerhunden erkennen, wenn Sie Gelegenheit haben, sie lange genug zu beobachten. Der Robuste, der angehende Meuteführer ist unter seinen Geschwistern genauso schnell herauszufinden, wie der Zaghafte, Zurückhaltende. Dies sind die wichtigsten Anhaltspunkte dafür, wie Sie schon beim Welpen die charakterlichen Anlagen erkennen können. Es bleibt die Frage, in welchem Alter Sie den Welpen am besten zu sich nehmen können. Je weniger Sie von der Hundehaltung verstehen, um so älter sollte der Kleine sein. Wobei »älter« heißt, daß er auf keinen Fall unter zehn Wochen alt sein darf. Ein Züchter, der sofort bereit ist, Ihnen etwa einen acht Wochen alten Welpen auszuhändigen, hat sicher kein großes Interesse am Wohlergehen seiner Hunde. Älter als zwölf Wochen sollte der Welpe aber möglichst auch nicht sein, zumindest nicht, wenn er aus reiner Zwingerhaltung kommt, denn mit drei Monaten hat er das geeignete Alter, um in die Familie zu kommen. Natürlich ist es etwas mühsam, so einen Krümel um sich zu haben, denn er hat ja noch wenig Ahnung davon, wie er sich als Familienhund zu benehmen hat. Sie müssen also sehr viel Zeit haben, sich um das junge Tier zu kümmern. Ist das nicht der Fall, verzichten Sie lieber auf den Kauf eines Welpen. Es würde für Sie und ihn eine schlimme Zeit!

Beim Rauhhaardackel erhebt sich nun noch eine reine Geschmacksfrage: möchten Sie einen Rauhhaar, wie ihn der Standard vorschreibt, oder ist Ihnen ein richtiges »Strubbelchen« lieber? Ob es da einen Unterschied gibt? Oh ja, einen ziemlich großen! Laut Standard darf der Rauhhaar nicht sehr viel anders aussehen als der Kurzhaardackel. Er soll zwar etwas längeres, »harsches« Haar und einen Bart haben, aber jene Rauhhaardackel, bei deren Anblick der Laie entzückt ausruft: »Ach, ist der süß«, sind nur selten so behaart, wie der Standard es vorschreibt. Ich muß gestehen, daß auch mir die Zotteligen lieber sind, und so geht es wohl den meisten Interessenten, die nicht unbedingt ein Ausstellungsexemplar haben wollen. Sie können schon am Welpen erkennen, wie der Kleine später aussehen, welche »Haartracht« er tragen wird: je glatter der Kleine ist, um so glatter bleibt er auch als ausgewachsener Hund. Die »Zottelbären« haben schon als Welpen ein Bärtchen und längeres Haar als ihre vorschriftsmäßig ausgefallenen Geschwister.

Was spricht für die Wahl eines Rassehundes?

Wenn Sie keinen großen Wert darauf legen, einen rassereinen Dackel zu haben, dann schauen Sie sich doch einmal in einem Tierheim um! Vielleicht finden Sie dort einen Dackel, der sehnsüchtig auf ein gutes Zuhause wartet. Selbst wenn er nicht ganz reinrassig ist – es Ihnen aber vor allem auf den lieben Hausgenossen ankommt –, dann sollten Sie sich ohne Bedenken für diesen Hund entscheiden. Vielleicht fragen Sie nun sich und mich: Warum dann aber überhaupt einen Rassehund?

Eine gute Frage für den, dem es in der Hauptsache um einen Hund »an sich« geht. Wer aber bestimmte Vorstellungen hat, sei es äußerlich oder in bezug auf besondere Veranlagungen des Hundes, der sollte sich um einen Rassehund bemühen. Die Hunderassen sind ja nicht von heute auf morgen entstanden. Sehr viele Rassen sind »Spezialisten« in bestimmten Bereichen. Dazu gehören alle Jagdhundrassen, zu denen auch der Dackel zählt. Für das Äußere gilt das Gleiche; wenn man einen Rassehund sieht, »weiß« man sofort: Das ist ein Schäferhund – oder ein Bernhardiner – oder ein Foxterrier – oder ein Dackel, um nur ein paar Beispiele zu nennen. Natürlich gibt es auch viele sehr seltene Rassen, die von Laien nicht auf Anhieb erkannt und darum oft für Mischlinge gehalten werden. Aber im Grunde steht sowohl das äußere Erscheinungsbild als auch die besondere Veranlagung einer Hunderasse zuchtmäßig fest. Rassehunde sollten ihrer Veranlagung entsprechend eingesetzt werden. Ein Jagdhund wäre beispielsweise überfordert, wenn Sie ihn auf dem Lande in einem uneingezäunten Grundstück hielten. Er würde mit großer Wahrscheinlichkeit jedes Stück Wild, das sich in seinem Blickfeld zeigte, hetzen. In diesem Fall wäre daher ein »haustreuer« Hund geeigneter, etwa ein Wolfsspitz oder ein Sennenhund. Ich würde auch niemandem zu einem Dackel raten, dessen Grundstück nicht »ausbruchssicher« eingezäunt ist! Alle diese Überlegungen sind bei einem Rassehund vernünftig und sinnvoll, weil Sie – und das mit hoher Wahrscheinlichkeit – wissen, was Sie von ihm zu erwarten haben. Bei einem Mischling wissen Sie das nicht und können daher allerlei Überraschungen erleben. Das ist ein wesentlicher Punkt bei der Überlegung: Rassehund oder nicht.

Hinzu kommt dann natürlich noch das äußere Erscheinungsbild: So soll beispielsweise der gewünschte Dackel auch wie ein Dackel aussehen!

Rüde oder Hündin?

Auf diese Frage antworten die meisten Interessenten spontan: »Einen Rüden!« und begründen das mit der landläufigen Meinung, Rüden seien einfacher zu halten als Hündinnen.

Wer eine Hündin bevorzugt, gibt wiederum als Begründung an, daß Hündinnen treuer oder anhänglicher seien.

Wie steht es nun wirklich mit dem Verhalten von Rüden und Hündinnen? Ist ein Rüde leichter zu halten, ist eine Hündin treuer? Wie sollen Sie sich entscheiden? Sehen Sie sich vor der Wahl Ihres Hundes zuerst einmal ganz genau in Ihrer Umgebung um: werden dort mehr Hündinnen spazierengeführt oder mehr Rüden? Ist letzteres der Fall, sollten auch Sie

Das Markieren von Bäumen und Laternenpfählen gehört zu den natürlichen Verhaltensweisen eines selbstbewußten Dackelmännchens. Wer einen Rüden wählt, muß beim Gassigehen darauf Rücksicht nehmen.

sich für einen Rüden entscheiden. Überwiegen aber die Hündinnen, dann wählen Sie am besten eine Hündin. Der Grund hierfür: Würden Sie in einem überwiegend von Hündinnen bevölkerten Wohnviertel einen Rüden halten, könnten Sie häufig Ärger mit ihm bekommen.

Nicht jeder Besitzer einer Hündin läßt dem Tier Anti-Baby-Spritzen geben oder sorgt wenigstens während der Hitze dafür, daß die Hündin durch regelmäßiges Eingeben von Chlorophylltabletten keine Geruchsstoffe verbreitet. Ein gesunder, normaler Rüde aber kann dem Duft einer läufigen Hündin einfach nicht widerstehen, er nutzt daher jede Gelegenheit, um durchzubrennen. So ist wohl die Meinung entstanden, daß Hündinnen treuer seien als Rüden. Eine Hündin – die ja höchstens zweimal im Jahr läufig wird – ist aber auf dem Höhepunkt ihrer Hitze genauso unzuverlässig und unfolgsam wie ein verliebter Rüde. Der von vielen Hündinnen umgebene Rüde gerät natürlich sehr oft in die Versuchung, den Spuren einer läufigen Hündin zu folgen. Er sitzt dann manchmal nächtelang vor deren Haustür, er frißt nicht mehr, magert ab und bringt seine Besitzer mit Winseln und Gefiepe zur Verzweiflung, falls er ausbruchssicher eingesperrt ist.

Wenn eine Hündin in eine Gegend kommt, in der fast nur Rüden gehalten werden, so braucht das heutzutage kein Problem mehr zu sein. Dies gilt vor allem, wenn die Hündin voll ausgewachsen ist. Wer mit Sicherheit niemals züchten wird, kann seine Hündin sterilisieren lassen und hat damit die Frage der Läufigkeit und alle damit verbundenen Unannehmlichkeiten gelöst. Es gibt eine weitere Möglichkeit der Verhütung, das ist die Anti-Baby-Spritze. Wenn Sie nichts gegen das Läufigsein unternehmen wollen, müssen Sie natürlich damit rechnen, daß Ihre Hündin während der Hitze das Interesse der Rüden in stärkstem Maße erweckt. Daß Hündinnen anhänglicher, zärtlicher oder gar fügsamer seien als Rüden, kann ich aus meiner langjährigen Erfahrung mit beiden Geschlechtern nicht bestätigen. Meine Rüden waren genauso große »Schmuser« wie

meine Hündinnen, unter denen ich übrigens mehr Eigenwillige gehabt habe als unter meinen Rüden.
Die Wahl – Rüde oder Hündin – bleibt also eine ganz persönliche Entscheidung.

Kosten der Dackelhaltung

An erster Stelle stehen natürlich die Futterkosten. Bei kleinen Hunden fallen sie nicht so sehr ins Gewicht, aber Sie müssen doch etwa fünfzig Mark im Monat dafür aufwenden.
Eine jährliche Ausgabe ist die Hundesteuer. Da es eine Gemeindesteuer ist, variiert sie stark. Hamburg fordert beispielsweise DM 120,– im Jahr, in kleinen Städten und Gemeinden sind die Beträge meist niedriger.
Ein weiterer Kostenfaktor heißt »Impfungen«, also Tierarzt. Solange Sie mit den jährlich nötig werdenden Schutzimpfungen auskommen, zu denen unter allen Umständen auch die Tollwutschutzimpfung gehört, handelt es sich um einen Betrag von etwa DM 50,–. Aber auch der kräftigste Hund kann erkranken, er kann gebissen werden und längere tierärztliche Behandlung nötig haben. Dann schlagen diese Ausgaben schon zu Buch. Es ist auf jeden Fall realistisch, auch an solche Kosten zu denken.
Unbedingt nötig ist nach meiner Meinung auch eine Haftpflichtversicherung für den Hund. Ich kann nur jedem Hundehalter dringend raten, sich vor dieser Ausgabe nicht zu drücken! Er könnte es bitter bereuen. Sie sind als Hundehalter für nahezu jeden Schaden verantwortlich, den der Hund anrichtet. Leider beobachte ich häufig, daß Hundehalter fahrlässig ihre Tiere herumstromern und schlecht oder gar nicht beaufsichtigt über die Straße laufen lassen. Sie bringen durch diesen Leichtsinn nicht nur ihren Hund, sondern die Verkehrsteilnehmer in Gefahr.
Wer einen Hund hat, ist für ihn hundertprozentig verantwortlich – nicht nur vor dem Gesetz!
Ich habe gerade diesen Punkt ausführlich behandelt, weil mir schon allzu viele Hundehalter begegnet sind, die den Abschluß einer Haftpflichtversicherung nicht für notwendig halten, zumal, wenn sie nur einen kleinen Hund haben. Doch selbst der Kleinste kann auf den Fahrdamm laufen und einen Verkehrsunfall mit schweren Folgen verursachen. Das bringt große Probleme für den, der dann nicht versichert ist.
Zu den allgemeinen Kosten gehört natürlich auch der Anschaffungspreis des Hundes, es ist allerdings eine einmalige Ausgabe. Bei einem Dackel liegt dieser Betrag etwa bei DM 400,–. Hinzu kommen die – ebenfalls einmaligen – Ausgaben für einen Hundekorb, für Futter- und Trinknapf und alle weiteren Ausstattungsgegenstände (→Seite 21).

Rassekennzeichen

Namen – Haararten – Schläge

Unser vierbeiniger Freund hat drei verschiedene Namen:

- Dachshund
- Teckel
- Dackel

Von diesen Bezeichnungen ist »Dackel« die gebräuchlichste; »Dachshund« und »Teckel« sind jedoch die eigentlichen Rassenamen.
Der Dackel wird in drei unterschiedlichen Haararten gezüchtet:

- Kurzhaar
- Rauhhaar
- Langhaar

Ursprünglich gab es nur den Kurzhaardackel; Langhaar und Rauhhaar sind später durch Züchtung entstanden.
Schließlich unterscheiden sich Dackel auch in ihrer Größe:

- Normalschlag
- Zwergteckel
- Kaninchenteckel

Erklärung kynologischer Ausdrücke

Die Fachbegriffe der nachfolgenden Texte sollen hier zuvor erläutert werden.
Absetzen – von der Muttermilch entwöhnen
Abzeichen – andersfarbige Flecken im Fell
Aufnehmen – wenn die Hündin befruchtet wurde, hat sie »aufgenommen« – eine Fährte aufnehmen
Behänge – die Hängeohren
Brand – bestimmte Abzeichen an bestimmten Stellen des Körpers
Fahne – die langen Haare an der Unterseite der Rute
Fang – Schnauze, Mundhöhle und Lefzen
Federn – Haarfransen an den Hinterläufen
Gebäude – Körperbau
Gestromt – schwarze Querstreifen über der Grundfarbe
Glasauge – helles Auge durch pigmentlose Regenbogenhaut
Karpfenrücken – nach oben gewölbter Rücken
Knicken – fehlerhafte Stellung der Vorhand beim Dackel
Knickrute – Knick in der Rute durch Wirbelschaden (meist angeboren)
Kynologie – Wissenschaft vom Hund
Lautgeben – Winseln, Jaulen, Bellen
Lösen – Kot absetzen, Wasser lassen
Rute – Schwanz
Scherengebiß – normale Zahnstellung
Schweiß – waidmännische Bezeichnung für Blut
Sichtlaut – Lautgeben beim Erblicken von Wild
Spurlaut – Lautgeben auf der Witterung von Wild
Tätowieren – Kennzeichnung durch Einstechen einer Nummer ins Ohr
Trocken – die Haut liegt auf fettarmem Unterbindegewebe, die Konturen der Knochen und Sehnen sind erkennbar
Überbeißen – die unteren Zähne beißen über die oberen (Vorbeißer)
Unterbiß – Fehler durch zu kurzen Unterkiefer
Zangengebiß – Gebißstellung mit genau aufeinandertreffenden Schneidezähnen

Die Körperformen

Das äußere Charakteristikum des Dackels, das ihn von fast allen anderen Hunderassen unterscheidet, ist sein langgestreckter Rumpf zugleich mit der Kurzläufigkeit. Vor mehr als

Oben: Junger Rauhhaar (Preis der Juniorenklasse ▷
1980) und Langhaar.
Unten: Hellbrauner Rauhhaar und Rauhhaardackelin der Autorin.

hundert Jahren schon wurden die Rassekennzeichen des Teckels bestimmt. Natürlich ergaben sich in den folgenden Jahrzehnten einige Änderungen bis zu dem Standard, wie er heute bei der Fédération Cynologique Internationale (FCI) festgelegt ist.

Allgemeine Erscheinung

Seine Gestalt soll niedrig, kurzläufig, langgestreckt aber stramm sein, die Muskulatur derb und die Haltung des Kopfes keck herausfordernd, der Gesichtsausdruck klug.
Trotz der, im Verhältnis zum langen Körper, kurzen Gliedmaßen darf ein Teckel weder krüppelhaft, plump noch wieselartig oder schmächtig erscheinen.

So sollte sein Gebäude aussehen:

Der Kopf ist langgestreckt, trocken und scharf ausgeprägt. Er soll sich zur Nasenspitze hin gleichmäßig verschmälern. Flach gewölbter Oberkopf, ohne Stirnansatz; kräftig hervortretende Augenjochbogen. Nasenkuppe lang und schmal; Nasenlöcher gut geöffnet. Die Lippen sind straff gespannt mit leicht angedeuteten Mundwinkeln. Der Fang ist weit dehnbar und bis hinter die Augen gespalten. Gebiß und Kiefer sind stark entwickelt; kräftige, genau ineinandergreifende Eckzähne. Mittelgroße, ovale Augen mit klarem, energischem aber freundlichem Ausdruck. Bei allen Haarfarben der Teckel soll die Farbe der Augen ein leuchtendes Dunkelbraun bis Schwarzbraun sein. Glas-, Fisch- oder Perlaugen bei grauen und gefleckten Hunden sind nicht sehr fehlerhaft, aber auch nicht erwünscht.
Der Behang ist hoch, nicht zu weit vorn angesetzt, reichlich, doch nicht zu lang, schön abgerundet – nicht schmal, spitz oder faltig –, beweglich. Mit dem vorderen Saum liegt er dicht an der Wange an. *Der Hals* muß genügend lang, muskulös und trocken sein. Er darf keine Kehlwamme zeigen und wird mit leichter Wölbung im Genick frei hochgetragen.
Die Vorderhand ist entsprechend der anstrengenden Tätigkeit unter der Erde muskulös, gedrungen, tief, lang und breit. Im einzelnen: Schulterblatt lang und schräggestellt, fest an dem voll entwickelten Brustkorb anliegend, hart und plastisch bemuskelt. Der Oberarm – von gleicher Länge wie das Schulterblatt – steht im rechten Winkel dazu. Er ist starkknochig und straff bemuskelt, liegt an den Rippen an, ist aber frei beweglich. Der Unterarm ist kurz, möglichst wenig nach innen gebogen, nach vorn und außen hart und plastisch bemuskelt; ungefähr so lang, daß der Bodenabstand des Hundes etwa ein Drittel seiner Widerristhöhe beträgt. Die Vordermittelfußgelenke stehen einander etwas näher als die Schultergelenke. Mittelfußknochen, welche die Fessel bilden, sollen von der Seite gesehen weder steil stehen noch durchgedrückt sein. Die Pfoten sind geschlossen, gut gewölbt und mit kräftigen Fußballen. Der Teckel hat je fünf Zehen, von denen vier auftreten. Sie sind dicht zusammengestellt, mit ausgesprochener Wölbung der Zehenglieder, mit starken Nägeln und derben Zehenballen.
Beim *Rumpf* soll der Rücken einen hohen und langen Widerrist haben, gerade verlaufen und in der Lendenpartie eine leichte Wölbung zeigen. Das Brustbein ist derb und springt so stark vor, daß sich an beiden Seiten Gruben zeigen. Von vorn gesehen ist der Brustkorb oval; er ist großräumig und gewährt somit der breiten Lagerung von Herz und Lunge volle Entwicklung. Er ist weit nach hinten aufgerippt und führt allmählich in die Bauchlinie über. Der Bauch soll mäßig aufgezogen sein.

◁ Langhaardackel im Alter von 8 Wochen.

Die Hinterhand zeigt eine voll bemuskelte, lange, runde, breite Kruppe; nicht zu kurze Beckenknochen, die kräftig entwickelt und mäßig schräg gestellt sind. Die Oberschenkel sollen derb und von guter Länge sein, die Keulen voll ausgerundet, die Kniegelenke breit und kräftig. Die Unterschenkel sind im Verhältnis zu anderen Hunden kurz. Sie stehen im rechten Winkel zum Oberschenkel und sind stramm bemuskelt. Die Fußwurzelknochen sind breit angelegt, das Fersenbein (Hacken) springt stark vor. Der Mittelfuß ist lang, gegen den Unterschenkel beweglich und leicht nach vorn gebogen. Die Pfoten haben vier dicht geschlossene und schön gewölbte Zehen, wie die der Vorderpfoten. Der ganze Fuß soll auf den Sohlenballen ruhen, nicht allein auf den Zehen stehen. Die Nägel sind kurz. Von hinten gesehen soll die Hinterhand vollständig gerade sein.
Die Rute soll in derselben Linie wie das Rückgrat angesetzt sein und verlaufen; sie darf keine starke Krümmung aufweisen.

Sondermerkmale verschiedener Arten

Die drei Teckelarten – Kurzhaar, Rauhhaar und Langhaar – müssen den angeführten Merkmalen (→Seite 15 »Die Körperformen«) in gleicher Weise entsprechen. Darüber hinaus gelten für jede der drei Arten besondere Kennzeichen:

Kurzhaariger Teckel

Die Behaarung soll kurz, dicht, glänzend und glatt anliegend sein. Besondere Fehler der Behaarung sind: zu feines, dünnes Haar, Lederenden an den Behängen, haarlose Stellen oder allzu grobes, allzu reiches Haar im allgemeinen. Die *Rute* soll fein verlaufen, voll, aber nicht zu reich behaart sein. Etwas längeres Grannenhaar an der Unterseite gilt nicht als Fehler, sondern ist ein Zeichen starker Behaarungsanlage, Bürstenrute jedoch ist fehlerhaft, ebenso eine teilweise oder in ganzer Länge fast unbehaarte Rute.
Haarfarbe, Nase und Nägel: Die Haarfarbe des einfarbigen Teckels ist rot, rotgelb oder gelb (auch mit schwarzer Stichelung). Reine Farben werden allerdings angestrebt, wobei rot noch den Vorzug vor rotgelb oder gelb hat. Nase und Nägel sollen schwarz sein; rot ist zulässig, aber nicht erwünscht. Das Haarkleid der zweifarbigen Teckel ist tiefschwarz, braun, grau oder weiß, jeweils mit rostbraunen oder gelben Abzeichen (Brand). Nase und Nägel sind bei schwarzen Teckeln schwarz, bei braunen braun oder schwarz, bei grauen und weißen sind sie grau beziehungsweise schwarz oder auch fleischfarben (das ist allerdings nicht erwünscht).
Bei den gefleckten Dackeln ist die Haarfarbe des Tigerteckels ein heller, bräunlicher bis sogar weißer Grund mit dunklen, unregelmäßigen Flecken (große Platten nicht erwünscht) von dunkelgrauer, brauner, rotgelber oder schwarzer Farbe. Erwünscht ist, daß weder die helle noch die dunkle Farbe vorherrscht. Die des Gestromten ist rot oder gelb mit dunklerer Stromung. Nase und Nägel wie bei den Ein- und Zweifarbigen.

Rauhhaariger Teckel

Die *Behaarung* ist mit Ausnahme von Fang, Augenbrauen und Behang eine am ganzen Körper vollkommen ausgeglichene, mit Unterwolle durchsetzte, anliegende, dichte drahtige Jacke. Am Fang bildet sich ein Bart. Die Augenbrauen sind buschig. Am Behang ist die Behaarung kürzer als am Körper, fast glatt, jedoch der übrigen Behaarung ange-

paßt. Die *Rute* soll derb, aber möglichst anliegend behaart sein und ohne Büschel verjüngt auslaufen. Die Gesamtbehaarung muß so wirken, daß der rauhhaarige Teckel, aus der Ferne gesehen, einem Kurzhaarigen gleicht. Weiches oder langes, nach allen Richtungen vom Körper abstehendes sowie gelocktes oder welliges Haar gelten als fehlerhaft; ebenso die Fahnenrute.
Alle Haarfarben sind zulässig. Weiße Abzeichen an der Brust sind erlaubt, aber nicht erwünscht.

Langhaariger Teckel
Der langhaarige Teckel unterscheidet sich vom Kurzhaarigen allein durch die längere, seidenartige Behaarung. Das weiche, schlichte, glänzende Haar verlängert sich unter dem Hals, der ganzen Unterseite des Körpers, besonders aber am Behang und an der Hinterseite der Läufe zu einer hervorragenden Feder und erreicht seine größte Länge an der Unterseite der Rute. Die Behaarung soll am unteren Ende des Behanges überfallen. Kurze Behaarung an dieser Stelle, ein sogenanntes Lederende, ist nicht erwünscht. Zu reiche Behaarung der Pfoten (»Flossen« genannt) ist unschön und zum Gebrauch untauglich. Die Rute wird in schöner Verlängerung der Rückenlinie getragen. An ihr erreicht die Behaarung des Körpers die größte Länge und bildet eine vollständige Fahne. Fehlerhaft ist überladene, das heißt am ganzen Körper gleichmäßig lange Behaarung, zu stark gerolltes oder struppiges Haar, das Fehlen der Fahnenrute oder das Überhängen des Haares am Behang, stark gescheiteltes Haar auf dem Rücken, zu lange Behaarung zwischen den Zehen der Pfoten. Haarfarbe, Nase und Nägel sind ebenso wie bei den kurzhaarigen Teckeln.

So viel von den offiziellen Rassekennzeichen, herausgegeben vom Deutschen Teckelklub e. V. Eine Aufzählung der Fehler, die den Zuchtwert beeinträchtigen oder den Teckel vor den gestrengen Augen der Richter als »mangelhaft« erscheinen lassen, würde hier zu weit führen. Für den »Laien« ist dies alles kaum von Bedeutung. Wer nur einen lieben Hausgenossen und Wanderkameraden haben will, sucht sich den Dackel seiner Wahl nach dem Motto aus: Hauptsache, er gefällt mir und ist gesund! Aber für alle, die mit ihrem Hund gern einmal eine Ausstellung besuchen möchten oder sogar mit dem Gedanken spielen, später zu züchten, sind die Rassekennzeichen wichtig: Wenn Sie einen Dackel mit – laut Rassekennzeichen – so groben Fehlern »erwischt« haben, daß der Arme bei der Beurteilung schlecht abschneidet, dann ist die Enttäuschung groß. Wer also solche Ziele anstrebt, sollte sich dem Deutschen Teckelklub anschließen, die örtlichen Versammlungen besuchen und sich genau erklären lassen, was die einzelnen Fachbegriffe bedeuten. Am »lebenden Modell« demonstriert, wird alles schnell verständlich. Außerdem sollten Sie sich von einem Fachmann beim Kauf beraten lassen. Er kann zwar beim Welpen auch nicht *alle* möglichen Fehler sehen, aber er erkennt sicher einige davon und kann Sie wahrscheinlich vor einem groben Mißgriff bewahren.
Wie gesagt, diese Dinge spielen nur dann eine Rolle, wenn Sie mehr als »eben einen Dackel im Haus« haben möchten.

Unterbringung und Ausstattung

Korb oder Kiste?

Hunde lieben Ordnung. Damit der junge Hund sich seine Ordnung nun nicht selbst schafft – was durchaus nicht immer im Sinne seines Herrn ist –, sollten Sie Vorsorge treffen, daß er sich gleich an die von Ihnen gewünschte Ordnung hält. In erster Linie braucht er einen attraktiven Platz; wohlbemerkt – für *ihn* muß der Platz attraktiv sein, damit er ihn alsbald und freiwillig aufsucht. Sehr beliebt sind Korbhöhlen, das schützende Dach über dem Kopf schätzen Dackel sehr. Nur bleibt ein Korb bei einem jungen Hund meist nicht sehr lange heil. Das Weidengeflecht verlockt allzusehr dazu, die Zähnchen daran auszuprobieren. Darum können Sie zum Anfang auch einfach eine passende Kiste mit der Öffnung nach vorn als Hundebett

Dackel schleppen gerne Kleidungsstücke oder Schuhe, die nach Herrchen oder Frauchen duften, ins Körbchen.

einrichten. Es bleibt Ihrer Großzügigkeit überlassen, wie Sie diese Frage lösen wollen. Natürlich sieht ein Korb im Zimmer netter aus als eine Kiste. Außerdem ist nicht jeder Welpe ein begeisterter Korb-Nager. Aber nach meinen Erfahrungen finden gerade Dackel mit ihrem recht kräftigen Gebiß großes Vergnügen an dieser Tätigkeit – einige mühsam reparierte Hundekörbe zeugen davon.

Der geeignete Schlafplatz

Ob Korb oder Kiste – das Heim muß an einen für den Hund geeigneten Platz kommen, also in einer ruhigen und zugfreien Ecke des Raumes stehen. Der Hund soll möglichst eine gute Übersicht haben, damit er alles beobachten und »am Leben teilnehmen« kann. Dadurch kann er zugleich einiges lernen. Aber er muß sich andererseits auch ungestört fühlen können. Junge Hunde brauchen viel Schlaf. Steht ihr Korb an einer Stelle mit starkem »Durchgangsverkehr«, dann reißen ihn Unruhe und eigene Neugier immer wieder aus dem Schlummer. Das animiert ihn obendrein dazu, immer wieder seinen Platz zu verlassen. Es lohnt sich darum in Ihrem eigenen und im Interesse des Hundes, sich die Frage der Unterbringung vorher durch den Kopf gehen zu lassen, um von Anfang an eine möglichst ideale Lösung zu haben.

Was ein Dackel täglich braucht

Die wichtigsten Gegenstände der Ausstattung sollten schon bereitstehen, wenn Ihr neuer Hausgenosse bei Ihnen Einzug hält: Futternapf und Wasserschüssel, Körbchen oder Kiste mit einer Decke ausgepolstert, schließlich

Halsband und Leine. Diese »Grundausstattung« muß mit Bedacht ausgewählt werden. Der Futternapf sollte so schwer sein, daß Ihr Teckel ihn nicht beim Fressen hin und her schieben kann. Sehr praktisch sind emaillierte Futtergefäße, deren unterer Rand mit einem Gummistreifen versehen ist, so kann das Gefäß nicht rutschen. Diese Schüsseln sind zwar teurer als Plastiknäpfe, aber die Anschaffung lohnt sich, da die Schüsselchen ja viele Jahre lang verwendet werden. Anders ist es mit dem Halsband. Nach wenigen Monaten schon wird es dem jungen Hund zu eng sein. Daher genügt für den Welpen ein einfaches Lederhalsband. Auch die Leine können Sie zunächst in einer einfachen Ausführung wählen. Fast alle Welpen und Junghunde knabbern – um sich zu befreien – am unteren Ende ihrer Leine. Manche Lederleinen haben daher als Abschluß ein etwa 30 cm langes Kettenstück. Der Gebrauch solcher Leinen ist allerdings umstritten, da das Nagen an der harten Kette für die Zähne des Welpen ungünstig sein kann.
Der ausgewachsene Dackel braucht ein stabiles Halsband und außer der Leine zum Ausführen auch eine lange Leine. Neben der üblichen langen Lederleine, wie sie vor allem für die Ausbildung des Teckels verwendet wird, gibt es Kunststoffleinen, die sich automatisch aufrollen.
Für bestimmte Gelegenheiten – Reisen ins Ausland, Besuch beim Tierarzt – kann ein Maulkorb erforderlich werden.
Eine Bürste sollte auch schon zur Grundausstattung gehören. Ihr kleiner Dackel soll sich gleich an das tägliche Bürsten gewöhnen; es tut ihm wohl und es ist gesund.
Für Lang- und Rauhhaar eignet sich eine Bürste, die auf einer Seite Drahtborsten hat. Beim kurzhaarigen Teckel brauchen Sie nur eine Borstenbürste, und zwar möglichst mit Natur- und nicht mit Nylonborsten. Ein »Lausekamm«, also ein Kamm mit sehr eng angeordneten Zähnen, sollte nicht fehlen. Auch der gepflegteste Hund holt sich mal einen Floh, er braucht nur mit einem verflohten Artgenossen oder einem Igel Kontakt zu haben. Kratzt sich Ihr Dackel auffallend, bringt der Lausekamm schnell ans Licht, ob sich Ungeziefer im Fell eingenistet hat. Schließlich brauchen Sie noch eine Krallenschere, um die Krallen zu kürzen, wenn sie nicht durch das Laufen von selber abgewetzt werden.

Das richtige Spielzeug

Vergessen wir das Spielzeug nicht, es ist für einen jungen Hund, der seine Zähne gebrauchen will und muß, sehr wichtig. Auf diesem Gebiet wird viel angeboten, doch längst nicht alles ist gefahrlos für den jungen Hund. Es gibt »quietschende« Spielzeuge, die Hund und Mensch verrückt machen können: den Hund, weil er durch das ewige Gequietsche aufgeregt wird, immer heftiger auf dem Spielzeug herumbeißt und damit natürlich auch seinem Herrn bald auf die Nerven fällt. Außerdem zerlegen manche Hunde so ein Spielzeug sehr schnell und können dann den metallenen »Quietscher« verschlucken. Wenn dieser kleine Gegenstand nicht bald auf natürlichem Weg wieder zum Vorschein kommt, muß der Hund operiert werden.
Plastikspielzeug ist gefährlich, wenn es so geformt ist, daß Hunde davon Stücke abbeißen können, die sie dann womöglich verschlukken. Ich habe daher stets Vollgummibälle und Ringe aus Vollgummi bevorzugt: beides kann nach Belieben benagt werden, widersteht den

kleinen Zähnen sehr gut und kann kaum Unheil anrichten.
Hohle Gegenstände sind immer gefährlich, weil sie meist schnell zerstört und die Stücke verschluckt werden können. Meine Dackelmeute hat, zum allgemeinen Vergnügen, aus-

Im Spiel lernt der kleine Dackel seine erste Lektion. Wichtig: Für die Kommandos immer die gleichen Worte benutzen.

rangierte derbe Lederhosen bekommen, von denen ich natürlich alle Knöpfe und Reißverschlüsse entfernt hatte. Mit den großen, festen Lederlappen, die dann übrigblieben, haben alle Dackel herrlich gespielt, die Hose wie eine Beute zwischen sich herumgezerrt – es war stets ein großer Spaß!
Das sehr beliebte Spielzeug aus Büffelhaut ist zwar gut geeignet, doch etwas Vorsicht muß man auch dabei walten lassen. Ich habe erlebt, daß ein Dackel an einem abgebissenen, aber noch reichlich großen Stück fast erstickt wäre! Er wollte es verschlingen, es blieb ihm aber buchstäblich im Hals stecken. Zum Glück merkte ich es und konnte ihm den Brocken aus dem Hals ziehen. Wenn ich nicht im Zimmer gewesen wäre, hätte ich vielleicht einen kläglich erstickten Hund bei meiner Rückkehr vorgefunden. Besonders schlecht sind Spielsachen aus Holz; es sei denn das Holz ist so hart, daß der junge Hund auch bei intensivsten Bemühungen keine Splitter davon abnagen kann.
Oft wird gesagt oder geschrieben, man solle seinem jungen Hund einen alten Schuh zum Spielen geben. Lieber nicht – denn woher soll der kleine Kerl den Unterschied zwischen einem alten Schuh und den Schuhen, die Sie in Gebrauch haben, kennen. Es kann natürlich sehr ärgerlich sein, wenn der Hund statt des ausrangierten Pantoffels einen neuen Schuh zernagt hat.
Auch mit Papier – in welcher Form auch immer – sollten Sie Ihren Dackel niemals spielen lassen. Er kann wirklich nicht zwischen der neuen und der Zeitung von gestern unterscheiden, und er weiß auch nicht, ob das Papier, das er im Korridor vom Fußboden wegnimmt, ein Brief ist, den der Briefträger gerade durch den Briefschlitz gesteckt hat, oder eben ein bedeutungsloses Blatt.
Das Nachdenken über solche Möglichkeiten müssen *Sie* übernehmen. Der Hund, zumal der ganz junge, kann das nicht.

Grundregeln für Haltung und Pflege

Eingewöhnung des Welpen

Für den Welpen beginnt ein neues Leben, sobald Sie ihn zu sich aufgenommen haben und er sich in Ihre Häuslichkeit eingewöhnen muß.
Es ist eine schöne, aber keine leichte Aufgabe, dem kleinen Hund zu helfen, mit den großen Veränderungen fertig zu werden:
Das erste Problem ist, daß der Welpe, bisher bei Mutter und Geschwistern stets in Gesellschaft, auch im Schlaf nie allein, plötzlich einsam und verlassen in einem Korb liegen und die ganze Nacht so verbringen soll. Das ist hart, aber lernen muß es der fast immer zum Einzelkind gewordene Welpe, und zwar möglichst schnell. Natürlich ist dies für das Meutetier Hund eine böse Zumutung, und es gibt nur wenige junge Hunde, die das ohne mehr oder weniger lautstarken Protest hinnehmen. Das erfordert Ihr Verständnis und Ihre Geduld.

»Sanfte« und »harte« Methode

Sie können nun eine sanfte Methode für die Eingewöhnung wählen oder auch eine »harte«. Bei der sanften stellen Sie den Korb samt Hund neben Ihr Bett, so spürt der Kleine die Nähe eines Lebewesens. Wenn er trotzdem jammert, können Sie ihn schnell durch Streicheln und einen kleinen Zuspruch trösten.
Der Nachteil dabei ist, daß der Kleine sich nicht umgewöhnen muß; das Alleinsein bleibt für ihn etwas Unbekanntes. Verhält er sich auf diese Weise auch nachts friedlich, so wird er um so lauter protestieren, wenn Sie ihn am Tag allein lassen. Ich kenne genug Hundebesitzer, die sich nicht aus dem Haus wagen können und einen »Hundesitter« brauchen, wenn sie abends ausgehen wollen, weil ihr Dackel heult und die ganze Nachbarschaft stört, sobald er allein gelassen wird.
Bei der »harten« Methode bringen Sie Korb und Hund in einen Raum, in dem Ihr kleiner Dackel kein Unheil anrichten kann. Am besten in die Küche oder das Bad. Dort überlassen Sie ihn dann seinem Kummer. Nur wenn er allzu viel Krach macht, sollten Sie einmal kurz zu ihm gehen, ihn recht streng in seinen Korb weisen und ihn ein bißchen streicheln, bis er sich wieder beruhigt hat. Die meisten jungen Hunde finden sich sehr schnell mit der veränderten Situation ab und stellen ihre »Protestgesänge« ein. Ich gebe zu, daß das ein bißchen hart klingt und vielleicht auch ist. Aber es hat einen sehr großen Vorteil: Ein Hund, der sofort lernt, daß er auch einmal allein bleiben muß, wird dann auch längere Zeit, also einige Stunden des Alleinseins, ohne Geheul verbringen. Irgendwann muß er es ja doch lernen, wenn Sie sich nicht zum Sklaven Ihres Vierbeiners machen wollen. Darum halte ich es für besser, ihm diese Lehre sofort zu erteilen. Die Methode hat allerdings einen Haken: In einem hellhörigen Mietshaus ist sie nur mit Schwierigkeiten durchführbar. Halten Sie sich aber bitte vor Augen, daß der Hund das Alleinsein ja unter allen Umständen lernen muß und daß sein Protestgeheul um so kräftiger wird, je älter er ist! Ich würde Ihnen daher raten, daß Sie zu Ihren Nachbarn gehen – auch zu denen, die über oder unter Ihnen wohnen –, um Ihnen die Lage zu erklären und sie um etwas Nachsicht zu bitten, falls es ein paar Nächte lang (so lange dauert es nur selten) etwas »Hundekind-Geweine« gibt.

Das Alleinbleiben – der »Sicherheitsraum«

Ist Ihnen die sanfte Methode lieber oder geht es wegen allzu dünner Wände und verständnisloser Nachbarn nicht auf die harte Weise, dann müssen Sie aber auf andere Art den Hund an das Alleinsein gewöhnen. Sie stellen ihn – natürlich mit dem Korb und am besten mit einem Spielzeug – tagsüber immer einmal in einem »Sicherheitsraum« ab. Fängt er zu winseln oder zu heulen an, so schelten Sie ihn aus und weisen ihn in seinen Korb oder Sie kümmern sich gar nicht darum. Zuerst lassen Sie ihn nur eine Viertelstunde, wenn er sich ruhig verhält auch länger allein. Sie dürfen ihn aber nur wieder zu sich holen, wenn er wirklich still ist und nicht etwa, wenn er Krach macht! Sonst wäre seine Erfahrung: Ich muß nur ordentlich schreien, dann werde ich hier wieder rausgeholt!

Nun zu dem »Sicherheitsraum«. Ein junger Hund hat – ebenso wie ein Menschenkind – den Drang zu spielen. Es ist ihm dabei völlig einerlei, was er erwischt: Hauptsache, *ihm* erscheint es als Spielzeug geeignet. Leider sind wir meist nicht der gleichen Meinung wie unser kleiner Dackel und finden es gar nicht komisch, wenn er Schuhe zerfleddert, Kleidungsstücke von der Garderobe zerrt, die Handtücher benagt oder Teppiche mit Vergnügen auf ihre Haltbarkeit prüft. Zwischendurch »muß« der Kleine natürlich auch mal, was man ihm bei längerem Alleinsein kaum verübeln kann. Er sollte also in einem Raum sich selbst überlassen werden, wo er keine dieser »Schandtaten« begehen, aber ohne große Folgen auch sein Bächlein machen kann.

Da kommt mir allerdings bei der Empfehlung, das Bad für diesen Zweck zu wählen, der moderne Trend der Badezimmerausstattung mit »textilem Bodenbelag« in die Quere. Solange es sich nur um einen mehr oder weniger großen Badeteppich handelt, können Sie ihn natürlich wegnehmen. Ist aber das ganze Bad ausgelegt, eignet es sich nicht mehr als Sicherheitsraum für Ihren Dackelwelpen. Es bleibt dann nur die Küche. Achten Sie aber bitte darauf, daß nichts in Reichweite des Hundes hängen oder liegen bleibt, was sein Interesse wecken könnte. Er soll ja nicht in Versuchung geführt werden.

Pflegemaßnahmen

Da ein Dackel weder getrimmt noch geschoren werden muß, ist seine Pflege verhältnismäßig einfach und verursacht kaum Kosten. Sie können fast alle Pflegemaßnahmen selbst vornehmen.

Wenn der Dackel als Spielgefährte für ein Kind angeschafft wurde, sollte es auch einen Teil der täglichen Pflegeaufgaben übernehmen.

Melanie bei der Fellpflege ihres ▷
kleinen Rauhhaardackels.

Fellpflege – Ungeziefer und Kletten

Am einfachsten ist natürlich der Kurzhaardackel zu pflegen. Er muß nur möglichst regelmäßig gebürstet werden. Zusätzlich können Sie ihn mit einem Tuch abreiben, damit die Haare gut anliegen und das Fell glänzt. Ein Staubkamm (→Seite 22) sollte aber zu den Pflegeutensilien gehören für den Fall, daß Ihr Dackel doch einmal einen Floh einfängt. Flöhe lassen sich gut mit dem nicht ganz zu Unrecht »Lausekamm« genannten Instrument aus dem Fell entfernen. Sie müssen dann nur aufpassen, daß die Flöhe nicht wegspringen. Ich tauche den Kamm vor und nach dem Durchkämmen in Pervalen. Ungezieferbefall können Sie natürlich auch mit einem entsprechenden Puder oder einem Spray wirkungsvoll bekämpfen. Diese Mittel müssen allerdings stets genau nach Vorschrift angewendet werden, denn eine zu starke Behandlung kann böse Folgen haben! Die eingestäubten Hunde sollten nach Möglichkeit nicht naß werden, weil es sonst Hautreizungen geben kann. Auf Sprays können manche Hunde genauso wie Menschen allergisch reagieren. Gegen den Läusekamm sind sie nicht allergisch, und er kann auch sonst keinen Schaden anrichten. Das ist der Grund, weshalb ich auf diese gegenüber den Insektiziden und Flohhalsbändern vielleicht etwas »primitiv« wirkende Methode aufmerksam mache.

Langhaar und Rauhhaar brauchen natürlich etwas mehr Pflege, sie müssen nicht nur mit einer einfachen Bürste »bearbeitet« werden, bei ihnen gehört auch der Kamm oder die Bürste mit einer Drahtborstenseite zum Pflegematerial. Die harte Bürstenseite muß aber vorsichtig und mit Gefühl angewendet werden, die Borsten dürfen nicht kratzen! Dackel sind empfindlich, und sie haben es nicht gern, wenn es »ziept« oder die Bürste gar Kratzer auf der Kopfhaut hinterläßt.

Sobald in Feld und Wald Sträucher und Gräser Samen angesetzt haben, kommen unsere Dackel oftmals als »Grünlinge« zurück; das Fell sitzt voll von Samen aller Art. Am schlimmsten ist es an den Behängen. Gerade hier aber kann es gefährlich werden, denn die Samen können in den Gehörgang »klettern« und dort zu Entzündungen führen. Nach jedem Spaziergang durch Wiesen und Felder muß der Hund daheim von diesen lästigen Mitbringseln befreit werden, am besten geht dies mit dem Staubkamm. Schauen Sie auch besonders die Innenseite der Behänge nach!

Sehr unangenehm sind auch Kletten. Sie können sich so in den Haaren an Brust, Bauch und Beinen verfilzen, daß der Hund nicht weiterlaufen mag. Es ist gar nicht einfach, ihn dann davon zu befreien. Seit ich einmal einen Dackel einige hundert Meter tragen mußte, weil er nicht mehr laufen, ich ihn aber nicht von dem Klettenpaket befreien konnte, nehme ich immer eine kleine Schere mit.

Achten Sie auch darauf, daß der Dackel sich die Kletten nicht selbst aus dem Fell zerrt. Meine Dackelhündin Gümperle bekam auf diese Weise einmal eine Klette in den Hals. Es war für sie sehr unangenehm und sogar gefährlich. Die Speiseröhre wurde erst wieder frei, als ich Gümperle Kartoffelbrei und Sauerkraut zu schlucken gab.

Am besten und am sichersten ist es, wenn Sie Kletten gleich aus dem Fell Ihres Dackels entfernen.

Zähne und Krallen

Zur Körperpflege gehört natürlich auch die Kontrolle der Krallen und der Zähne. Zu lang gewachsene Krallen können den Hund beim

◁ Oben: Langhaarwelpen, 6 Wochen alt.
Unten: Langhaardackelin beim Säugen ihres Wurfes.

Laufen behindern und die Pfotenhaltung schmerzhaft verändern. Mit einer Krallenschere wird daher von Zeit zu Zeit gekürzt, was zu lang ist. Das muß vorsichtig geschehen, damit der schmerzempfindliche Teil der Kralle nicht verletzt wird. Wer sich das nicht zutraut, muß es vom Tierarzt machen lassen.
Die Zähne werden auf Zahnsteinansatz kontrolliert. Geringer Ansatz läßt sich schnell vom Tierarzt durch Abkratzen entfernen. Starker Zahnsteinansatz dagegen muß unter Betäubung mit Ultraschall beseitigt werden.

Kontrolle der Ohren
Achten Sie darauf, ob sich Ihr Dackel häufig an den Ohren kratzt – es könnte das Zeichen für eine Entzündung, den »Ohrzwang« sein. Das Entstehen dieser Krankheit, die vom Tierarzt behandelt werden sollte, können Sie durch regelmäßige Pflege der Ohren weitgehend verhindern. Reinigen Sie einmal wöchentlich die Ohren vorsichtig mit einem kleinen Wattebausch am Stäbchen.

Baden – aber nicht zu oft
Wie steht es mit dem Baden? Ich halte nichts von unnötiger Baderei.
Wenn wir bei schlechtem Wetter spazierengehen und die Hunde kommen entsprechend schmutzig mit Matsch an Beinen und Bauch nach Hause, werden sie in ihre Plastikwanne gestellt und mit lauwarmem Wasser (ohne Shampoo) abgespült; danach trockengerubbelt oder auch geföhnt, wenn sie gar zu naß geworden sind. »Schönheitsbaderei« betreibe ich nie mit meinen Hunden, denn sauber werden sie durch fleißiges Bürsten. Sollte einmal starker Ungezieferbefall vorliegen – bei Igeln im Garten ist das leicht möglich –, kommen sie wieder in ihre Wanne. Dem Wasser wird Pervalen zugesetzt, und dann spüle ich sie sehr gründlich ab, auch hier ohne Shampoo. Für Stadthunde reicht diese einfache Art des Sauberhaltens nicht ganz. Während der Schmutz auf dem Lande meist noch »natürlich« ist, also aus nasser Erde besteht, wird der Stadthund allen »Segnungen« unserer Zivilisation ausgesetzt, beispielsweise Abgasen, Rauch, Staub und Chemikalien. Da kann es also doch einmal nötig sein, den Hund in ein richtiges Shampoo-Bad zu stecken. Benutzen Sie dann bitte ein spezielles Hundeshampoo – und vor allem baden Sie ihn nicht zu oft! Je häufiger ein Hund gebadet wird, um so weicher und schmutzanfälliger wird sein Haar, weil es seine natürliche Imprägnierung verliert (Haut und Haare des Hundes haben einen Schutzmantel). Baden, wenn es notwendig ist, ja – aber mit Maßen! Die Pflege sollte überhaupt stets mit Maßen betrieben und vom Hundehalter selbst – nicht in einem Hundesalon – vorgenommen werden.

Mit dem Dackel auf Reisen

Sie können Ihren Dackel in fast alle Länder der Welt mitnehmen, Ausnahmen machen nur Länder mit Quarantänebestimmungen wie beispielsweise Großbritannien, Schweden, Norwegen. Er kann im Zug, Flugzeug, auf einem Schiff und natürlich auch im eigenen Wagen mitgenommen werden. Nur sollten Sie bei der Wahl Ihres Urlaubsortes auch an Ihren Hund denken und sich fragen, ob eventuelle Transportstrapazen für ihn zumutbar sind. Erkundigen Sie sich bei den einzelnen Unternehmungen (Bahn, Flug- und Schiffahrtsgesellschaft) oder im Reisebüro nach den Bedingungen. Holen Sie außerdem rechtzeitig Auskunft ein, welche Einreisebestimmungen in dem Land Ihrer Wahl für einen Hund gelten. Konsulate und Automobilklubs geben die entsprechenden Auskünfte.

Fahrkrankheit
Am wenigsten Probleme entstehen bei der Mitnahme des Hundes im eigenen Auto. Aber ganz ohne kleine Schwierigkeiten geht es auch hier oft nicht ab. So neigen Dackel leicht zur Fahrkrankheit, sie fangen an zu spucken, sobald sie längere Zeit gefahren werden. Probieren Sie rechtzeitig aus, wie es mit der Fahrfestigkeit Ihres Dackels bestellt ist, dann ersparen Sie sich viel Ärger. Gewiß kann der Tierarzt Ihrem Hund ein Medikament gegen dieses Übel verschreiben. Aber versuchen Sie doch zunächst, den Dackel an das Gefühl des Gefahrenwerdens zu gewöhnen. Ich habe es mit Erfolg mehrmals erprobt. Dabei müssen allerdings zwei Personen mit Zeit und Geduld zur Verfügung stehen: der Fahrer und eine Begleitperson. Ruhige Straßen sind ebenfalls erforderlich, weil mehrmals und zwar möglichst schnell am Straßenrand angehalten wird. Der Hundebetreuer muß den Hund genau beobachten, denn nahezu immer zeigt er an, daß ihm schlecht wird. Starkes Hecheln, nervöses Lecken, allgemeine Unruhe signalisieren: stopp! Sie steigen schnell mit dem – selbstverständlich angeleinten – Hund aus, gehen ein bißchen mit ihm hin und her, lassen ihn schnuppern und Bächlein machen – kurz, er wird abgelenkt, bekommt Sauerstoff in die Lungen und fühlt sich besser.
Dieser Vorgang muß natürlich mehrmals wiederholt werden. Junge Hunde neigen besonders zu Fahrkrankheit. Schnelles Autofahren ist für sie noch eine völlig unnatürliche, ungewohnte Fortbewegungsart.

Vorsicht: das ist gefährlich! Auch Hunde können sich bei geöffnetem Fenster Erkältungskrankheiten zuziehen.

Vorsichtsmaßnahmen
Wenn Ihr Hund sich nun gut an das Gefahrenwerden gewöhnt hat und Sie auf große Fahrt mit ihm gehen, sorgen Sie vor allem für einen reichlichen Wasservorrat! In welche Staus Sie bei wieviel Hitzegraden geraten, wissen Sie nicht vorher. Ihr Hund kann sterben, wenn Sie ihm dann kein Wasser geben können!
Wenn Sie den Wagen (im Schatten!) abstellen und Ihren Dackel im Auto lassen, achten Sie genau auf den Sonnenstand, sonst finden Sie unter Umständen bei Ihrer Rückkehr einen jämmerlich erstickten Hund vor.
Lassen Sie ihn während des Fahrens nicht aus

dem geöffneten Fenster schauen! Schwere Augen- und Ohrenentzündungen können neben starkem Katarrh die unangenehmen Folgen sein.
Falls Sie auf einem Rastplatz halten, leinen Sie den Hund auf jeden Fall vor dem Aussteigen an! Schon manch armer Dackel ist – froh darüber, der heißen rollenden Kiste entkommen zu sein – prompt einem anderen Wagen unter die Räder gelaufen.

Kleine Reiseapotheke
Wenn Sie in Ihrer Reiseapotheke auch einiges für Ihren Hund mitgenommen haben, können Sie auf gute Fahrt mit ihm hoffen.
Für die Hunde-Apotheke rate ich zu Tierkohle (Durchfall), Paraffinöl (Verstopfung), einem Puder oder Spray gegen Parasiten, einer Wundsalbe, die eventuell der Tierarzt verschreiben muß. Verbandszeug werden Sie sicherlich sowieso im Wagen haben. Halten Sie Ihren Hund während der Fahrt knapp mit Futter, er verhungert nicht gleich. Aber denken Sie immer an das lebenswichtige Wasser!

Kinder und Dackel

Sind Dackel eigentlich Kinderfreunde – das ist eine Frage, die sich nicht einfach mit Ja oder Nein beantworten läßt. Es gibt keine grundsätzlich »kinderlieben« Rassen, so wenig wie es Rassen gibt, die aus sich heraus kinderfeindlich sind. Aber es gibt Hunde bestimmter Rassen, die ich nicht unbedingt in Familien mit kleineren oder gar ganz kleinen Kindern empfehlen würde. Dazu gehört der Dackel ganz sicher nicht!
Ob sich ein Dackel zum Kinderfreund oder zum Kinderfeind entwickelt, das ist nur zu einem geringen Teil durch seine persönliche Veranlagung begründet. Entscheidend dafür sind vielmehr seine Erfahrungen, die er mit Kindern macht. Wird ein Hund, gleich welcher Rasse, von Kindern geneckt und gepiesackt, dann kann er kaum freundliche Gefühle ihnen gegenüber hegen. Er wird – im Gegenteil – in allen Kindern Quälgeister sehen, von denen er sich nicht anfassen läßt, die er anknurrt oder gar beißt. Wer soll ihn deswegen schelten? Er trägt ja nicht die Schuld an dieser Entwicklung!

Ein Hund ist ein Spielkamerad, aber kein Spielzeug. Das müssen Sie Ihren Kindern rechtzeitig beibringen.

Nun gibt es aber auch unter den Dackeln so eine Art Eigenbrötler, nicht sehr kontaktfreudig, nur dem eigenen Herrchen oder Frauchen zugetan. Sie tun niemandem etwas, aber sie möchten ihre Ruhe haben. Solche Hunde sind für Familien mit Kindern weniger geeignet. Diese Veranlagung können Sie schon beim Welpen erkennen. Wählen Sie also einen fröhlichen, kontaktfreudigen Welpen aus, der Ihnen und Ihren Kindern entgegenkommt. Mit ihm wird es kaum Schwierigkeiten geben.

Den Dackel niemals am Nackenfell hochheben! So wird es richtig gemacht: Mit einer Hand den Brustkorb umfassen und mit der anderen das Hinterteil abstützen.

Machen Sie Ihren Kindern immer wieder klar, daß ein Hund kein Spielzeug ist, sondern ein äußerst liebenswerter Spielkamerad, der aber auch seine Ruhe braucht und nicht dauernd herumgezerrt werden mag. Natürlich kann es bei den Kindern auch einmal zu Kratzern kommen, wenn sie mit ihrem Dackel herumtollen. Manche Hunde schnappen beim Spiel; die kleinen Zähne – vor allem die spitzen Milchzähne der Welpen – können dann schon empfindlich zwicken. Dies alles sollte aber das Verhältnis zwischen Kind und Hund nicht beeinträchtigen. Kinder hängen meist mit großer Liebe an ihrem vierbeinigen Freund. Und wie verhält sich das junge Ehepaar mit Dackel, wenn ein Baby erwartet wird? Auch das muß keine Probleme schaffen. Aber Hunde können eifersüchtig sein, wenn sie – bisher Mittelpunkt der Familie – dann plötzlich kaum noch beachtet werden. Lassen Sie es dazu nicht kommen! Das Baby muß für den Hund in aller Kürze ganz selbstverständlich mit zur Familie gehören, dann entwickelt sich hier eine Freundschaft, die ein ganzes Hundeleben lang Bestand hat.

Dackelnachwuchs – Dackelzucht

Die Läufigkeit und was damit zusammenhängt

Alle sechs bis zehn Monate wird eine Hündin läufig. Die »Hitze«, wie diese Zeit auch genannt wird, dauert drei Wochen. Bei der Junghündin stellt sie sich das erste Mal im Alter von sieben bis neun Monaten ein. Unruhe und vermehrter Appetit kündigen die Läufigkeit an. Diese Zeit bringt für den Hundebesitzer natürlich einige Probleme mit sich. Vor allem muß er seine Hündin vor den Rüden schützen, von denen sie manchmal regelrecht belagert wird. Sie lockt die Rüden durch ihren Geruch an. Dies kann gemildert werden, wenn Sie Ihrer Hündin regelmäßig und nach Vorschrift Chlorophylltabletten eingeben. Natürlich gibt es auch die Möglichkeit, durch Spritzen oder Operation die Läufigkeit zu verhindern. Beide Wege der Verhütung einer Trächtigkeit dürfen aber erst eingeschlagen werden, wenn die Hündin voll ausgewachsen ist: Zweimal sollte sie darum eine normale Hitze durchmachen, diese Unbequemlichkeit muß man schon auf sich nehmen. Außerdem raten die meisten Tierärzte nach zwei bis drei Spritzen zu einer Pause, damit die Hündin wieder einmal läufig werden kann und dem natürlichen Ablauf der Körperfunktion Genüge getan wird. Daß die Hündin während der Läufigkeit Blutflecke in der Wohnung macht, ist leicht zu verhindern: sie bekommt dann daheim eine Art Windelhose an.

Was bei der Geburt zu beachten ist

Den Wunsch zu züchten haben viele Besitzer einer Dackelhündin; das erfordert aber bestimmte Voraussetzungen. Wer züchten möchte, muß viel Erfahrung in der Hundehaltung haben, er sollte auch Mitglied des Deutschen Teckelklubs sein und sich mit der einschlägigen Literatur befassen.
Das Alter, mit dem die Hunde zuchtfähig werden, beziehungsweise das Alter, ab welchem Sie mit ihnen züchten dürfen, ist – sowohl bei Rüden als auch bei Hündinnen – das vollendete erste Lebensjahr. Dazu möchte ich aber noch meine Meinung sagen: Ich finde, eine Hündin sollte nicht vor ihrer dritten Läufigkeit gedeckt werden. Normalerweise ist sie dann 1½ Jahre alt – ich meine, das ist früh genug. Daß Sie, wenn Sie Nachwuchs von Ihrer Dackelhündin haben möchten, mehr

Wenn Ihre Dackelhündin läufig ist, müssen Sie eine Zeitlang mit einer aufdringlichen Schar von Verehrern rechnen.

tun, als sich dem genauen Studium der Zuchtbestimmungen zu widmen, sollte selbstverständlich sein – das heißt vor allem: vitaminreiche Kost, die Gabe von Kalktabletten, genügend Bewegung für die Hündin – aber keinerlei Anstrengungen. Doch trotz sorgfältiger Vorbereitungen und guter Kenntnisse kann es noch zu sehr unangenehmen Pannen kommen, wie ich zu meinem Leidwesen erfahren mußte:
Meine Dackelhündin Gümperle lag sechzehn Tage nach der Geburt von drei Welpen, die sie säugte, schwerkrank in ihrem Körbchen. Sie hatte plötzlich schreckliche Krämpfe bekommen; es ging auf Leben und Tod. Nachdem der Tierarzt, den ich sofort aufsuchte, ihr eine Calziumspritze und Kardiazol für das Herz gab, ließen die schweren Krämpfe schon nach wenigen Minuten nach.
Was war passiert?
»Säuge-Tetanie« ist die richtige Bezeichnung für diese eklampsieartigen Krämpfe. Nur Hündinnen mit besonders guter Milchleistung sind gefährdet, es kommt zu einem Zusammenbruch des Calziumhaushalts im Körper, zu schweren Krämpfen, die in Atemnot übergehen, und kann zum Herzstillstand führen, wenn nicht rechtzeitig eingegriffen wird. Leider kann sich dieser Vorgang wiederholen. Wachsamkeit ist daher unbedingt geboten.
Außer diesen durch Kalkmangel bedingten Krampfanfällen gibt es noch andere Komplikationen, die bei der Geburt oder während der Säugezeit auftreten können. Gerade bei den kleinen Rassen sind Geburtsschwierigkeiten leider nicht selten. Nun haben Dackel weder übergroße Köpfe, die bei manchen Rassen nur Kaiserschnittgeburten zulassen, noch sonstige anomale Körperformen. Trotzdem sind es kleine Hunde, die meist keine großen (damit ist die Zahl der Welpen gemeint) Würfe bringen. Je weniger Welpen es aber sind, um so größer ist der einzelne, und das kann dann doch zu einer schweren Geburt führen. Lassen Sie daher niemals eine werfende Hündin allein! Es ist Unfug, wenn behauptet wird, sie wirft lieber allein und fühlt sich durch die Anwesenheit eines Menschen gestört. Ich habe keine meiner Hündinnen sich selbst überlassen – und sie haben es mir alle gedankt.

Beim Welpen beginnt die Erziehung

Beobachten Sie einmal aufmerksam, wie Tiermütter ihre Jungen »auf das Leben« vorbereiten. Sie spielen mit ihnen, bringen ihnen auf diese Weise richtiges Verhalten bei – aber

Wer Dackel züchten möchte, sollte wissen, daß dieses Unternehmen viel Zeit und Mühe erfordert.

sie rufen die Heranwachsenden auch sehr energisch zur Ordnung und bestrafen sie fühlbar, wenn sie nicht folgen. Ohne Erziehung geht es eben nicht. Wer in einer Gemeinschaft lebt, muß lernen, daß er sich einzufügen hat. Das gilt auch beim Meutetier Hund. Wenn wir nun das wenige Wochen alte Hundekind zu uns holen, sind wir verständlicherweise erst einmal hingerissen von dem reizenden kleinen Wesen, das sich schutzsuchend in unseren Arm schmiegt. »Man kann doch bei so einem hilflosen Welpen nicht schon mit der Erziehung anfangen«, denken Sie dann vielleicht. Aber gerade der junge Hund ist besonders aufnahmefähig, er lernt gut und fügt sich schnell. Darum sollte mit der Erziehung frühzeitig begonnen werden; natürlich im Rahmen des Möglichen. Wichtig ist nun vor allem, daß Sie sich darüber im klaren sind, wer der Haupterzieher des jungen Hundes sein wird. In den meisten Fällen kommt diese Rolle der Frau des Hauses zu. Die anderen müssen lernen, dieselben Worte dem Hund gegenüber zu verwenden, damit er von jedem Familienmitglied gleichlautende Anordnungen bekommt. Es macht sehr viel Freude, einen jungen Hund zu erziehen und richtig anzulernen – aber es kostet Zeit, Zeit, Zeit. (→Seite 55 »Dackel richtig erziehen.«)

Das Wesentliche der Zucht- und Prüfungsordnung

Die ersten Voraussetzungen für die Zulassung zur Zucht sind Gesundheit, kräftige Entwicklung und unbedingte Wesensfestigkeit des Zuchttiers.
Der Teckel soll eine kräftige, muskulöse Gestalt haben. Dackel, deren Äußeres weich und schwammig wirkt, oder ängstliche Tiere werden von der Zucht ausgeschlossen. Erst nach Vollendung des ersten Lebensjahres kann der Teckel zur Zucht benutzt werden. Natürlich darf er keinerlei erblich bedingte Mißbildungen haben. Über diese grundsätzlichen Forderungen hinaus gibt es detailliert festgelegte Bestimmungen für die Eintragung in das Stammbuch des Deutschen Teckelklubs. Das Stammbuch steht jedem Dachshundzüchter offen – vorausgesetzt, daß er die Bedingungen anerkennt und danach züchtet.
Zur Eintragung berechtigt ist jeder Dachshund, der im Inland gezüchtet wurde. Seine Rassereinheit muß einwandfrei nachgewiesen werden, außerdem muß er gegen Staupe und Hepatitis geimpft sein. Aus dem Ausland eingeführte Hunde werden nur anerkannt, wenn die Ahnentafel des Hundes von der zuständigen FCI-Auslandszuchtbuchstelle bestätigt ist.
Nachkommen von aus dem Ausland eingeführten Dachshunden werden nur eingetragen, wenn die Ahnentafeln eines oder beider Elternteile von einer der Fédération Cynologique Internationale (FCI) angeschlossenen Auslandszuchtbuchstelle bestätigt sind.
Von der Eintragung ausgeschlossen sind Teckel,

- die Kreuzungen der einzelnen Haararten entstammen;
- die ohne gültigen Abstammungsnachweis sind;
- die von Züchtern stammen, denen das Zuchtbuch gesperrt ist;
- die durch Hundehändlerkreise gegangen sind.

Dies sind einige Hauptpunkte der geltenden Bestimmungen. Alles, was darüber hinausgeht, erfahren Sie – sofern Sie Zuchtabsichten haben – vom Klub oder dem örtlichen Zuchtleiter.

Ich möchte aber noch erklären, warum bei der Zuchtzulassung die Prüfungen als Gebrauchshund eine große Rolle spielen. Der Dackel-Teckel-Dachshund ist nun einmal ein *Gebrauchshund.* Obgleich er seit vielen Jahren als äußerst beliebter Familienhund gilt, ist er immer ein Gebrauchshund geblieben und seine Zucht ist auf seinen »Beruf« als Jagdgehilfe ausgerichtet. So kann also ein Rüde, der sich im Gebrauch als hervorragend geeignet zeigt, als Deckrüde eingesetzt werden, auch wenn er im Formwert (das ist die Wertung seines Äußeren, der Rassekennzeichen, →Seite 15) nur ein »genügend« erhält; damit weicht er immerhin in einigen Punkten von der Ideallinie ab. Bei der Hündin wird sogar noch großzügiger verfahren. Mit dem Formwert »genügend« muß zwar auch sie noch jagdliche Tüchtigkeit vorweisen, ab der Bewertung »gut« aber darf sie auch ohne diesen Nachweis schon Mutter werden.
Auch das hat natürlich züchterisch seinen Sinn: Eine Hündin kann in ihrem Leben nur eine begrenzte Zahl Welpen zur Welt bringen, ein Rüde hingegen kann eine große Anzahl von Hündinnen decken und somit viele Nachkommen haben.
Eine kurze Übersicht über die Prüfungsordnung soll Ihnen zeigen, was vom Teckel – dem kleinsten Jagdgebrauchshund– als Jagdgehilfe erwartet und verlangt wird. Es ist viel!
Zweck der Prüfungen ist es, die jagdlichen Anlagen des Teckels nach den Regeln der waidgerechten Jagd festzustellen, sie zu werten und zu pflegen.
Zulassung zu den Prüfungen erhalten Teckel aller Haararten, einschließlich Zwerg- und Kaninchenteckel. Der Formwert wird dabei nicht berücksichtigt. Der Teckel muß allerdings in das Stammbuch beziehungsweise Vorstammbuch des DTK oder in das Stammregister des VDH eingetragen sein.
Heiße Hündinnen können nur bei Schweißprüfungen zugelassen werden. Krankheitsverdächtige Hunde werden ausgeschlossen.
Der Teckel kann an einer Prüfung nur teilnehmen, wenn vorher seine Schußfestigkeit nachgewiesen wurde. Sie wird von den Richtern auf der Rückseite der Ahnentafel bestätigt.
So viel zu einigen grundsätzlichen Bedingungen, unter denen der Teckel zu den Prüfungen zugelassen wird. Und dies sind alle Prüfungen, die er bestehen soll:

- Arbeit am Naturbau
- Spurlautprüfung
- Schweißprüfung auf künstlicher Wundfährte
- Schweißprüfung auf natürlicher Wundfährte
- Stöberprüfung
- Vielseitigkeitsprüfung

Für Zwerg- und Kaninchenteckel gibt es noch eine Spezialprüfung, die »Kaninchenschleppe«.

Die richtige Ernährung

Allgemeines über das Füttern

In keinem Bereich der Hundehaltung hat sich im Laufe der letzten zwei Jahrzehnte eine so große Wandlung vollzogen wie bei der Fütterung. Hunde wurden – und werden noch – mit allen möglichen und unmöglichen Sachen gefüttert; sie bleiben zwar am Leben, sind aber wohl nicht sehr gesund. Wenn ich bedenke, wie ich meine großen Hunde durch Kriegs- und Nachkriegszeit gebracht habe, was in ihre Futternäpfe kam, dann muß ich in der Erinnerung nur staunen, daß sie dabei ohne Schaden durch diese Jahre gekommen sind. Ich kenne einen Schäferhund, der fast nur Knochen bekam, und nicht etwa die besten – er ist zwar steinalt geworden, aber ich möchte nicht wissen, wie sein Gesundheitszustand wirklich war. Einige Hunde von Bekannten wurden grundsätzlich »vom Tisch« gefüttert. Sie bekamen alle Reste mit fetten Soßen, scharfen Gewürzen und anderen, für Hunde unbekömmlichen Sachen. Auch sie »verkrafteten« diese Fehlernährung ohne große, äußerlich sichtbare gesundheitliche Schäden.
Empfehlenswert sind solche Fütterungsmethoden natürlich nicht. Die richtige Ernährung ist für unsere Hunde besser. Doch was verstehen wir unter *richtiger* Ernährung?

Frischfutter oder Fertigfutter?

Der eine schwört auf die »konventionelle« Art, also Frischfleisch und Futterflocken. Der andere ist dazu übergegangen, seinem Hund ausschließlich Fertigfutter zu geben. Die »Konventionellen« stehen dem Fertigfutter skeptisch gegenüber, die anderen verweisen darauf, daß ihre Hunde gesund und munter sind und sehen darum keinen Grund, etwas an ihrer Fütterungsmethode zu ändern. Da mir immer wieder auffiel, daß manche Hundehalter Zweifel daran haben, ob der Inhalt des Fertigfutters mit dem übereinstimmt, was die Werbung verspricht, meldete ich mich zur Besichtigung einer der ganz großen Futtermittelwerke an; eigener Augenschein verhilft zu den besseren Argumenten.
Was ich zu sehen bekam, räumte letzte Zweifel aus. Das Futter wird nach den neuesten Erkenntnissen der Nahrungsforschung für alle Tierarten individuell zusammengestellt – natürlich auch für den Hund. In den Packungen und Dosen ist wirklich alles das enthalten, was auf dem Etikett angezeigt wird.
Aus der Frage der Fütterungsweise sollte man keine Weltanschauung machen. Aber ich möchte doch allen jenen, die das Fertigfutter immer noch ablehnen, den dringenden Rat geben, ihre Hunde auch daran zu gewöhnen. Wenn Sie mit Ihrem Dackel verreisen – viel-

Ob Frischfutter oder Dosenfutter: wichtig ist, daß Ihr Dackel alle lebensnotwendigen Nährstoffe und Vitamine erhält.

leicht sogar ins Ausland –, können Sie nie sicher sein, das gewohnte Futter für ihn zu bekommen. Was es am Urlaubsort, vor allem in südlichen Ländern, für den Hund als Futter zu kaufen gibt, kann wegen mangelnder Kontrolle (keine Fleischbeschau wie bei uns) gefährlich werden. Das Auftreten von Salmonellosen, Darm- und Magenerkrankungen anderer Art einschließlich der Gefahr, mit Parasiten infiziert zu werden, ist dann immer möglich. Das alles entfällt, wenn der Hund an Fertigfutter gewöhnt ist. Sie können es mitnehmen und ersparen dem Hund mögliche gesundheitliche Schäden.

Was ist Fertignahrung?

Woraus setzt sich die Fertignahrung eigentlich zusammen, und welche Arten gibt es? Unter Berücksichtigung der Freßgewohnheiten der Hunde und dessen, was sie bevorzugt fressen, gibt es vier Grundtypen der Fertignahrung:

- *Dosenfutter* – eine Vollnahrung, die alle Nähr- und Aufbaustoffe enthält. Sie besteht aus einer Mischung von Fleisch wie Muskelfleisch, Pansen, Herz, Leber und Lunge mit Getreide wie Reis, Gerste, Hafer, Weizen oder Mais sowie den lebensnotwendigen Vitaminen und Mineralien.

Da der Hund als Beutetierfresser auch Kohlenhydrate verwerten kann, stellt die Industrie zwei Arten von Dosenvollnahrung her. Eine (beispielsweise Pal für Welpen oder Chappi), der schon Kohlenhydrate beigemischt sind, und eine andere (wie zum Beispiel Pal), die vorwiegend aus Fleisch beziehungsweise proteinhaltigen Rohmaterialien besteht. Dieser letzte Typ eignet sich aber auch dazu, bis zu einem Drittel mit gekochten Kartoffeln oder gekochtem Reis oder Hundefutterflocken gemischt zu werden.

- *Trockenfutter und Halbtrockenfutter* – die Zusammensetzung dieses Futters gleicht im Prinzip der des Dosenfutters. Der wesentliche Unterschied besteht darin, daß diesen Produkten der Wassergehalt bis auf etwa 10% bis 20% entzogen worden ist. In Dosenfutter sind etwa 75% natürliche Feuchtigkeit aus tierischen und pflanzlichen Produkten enthalten. Trocken- und Halbtrockenfutter sind im Verhältnis wesentlich konzentrierter und damit energiehaltiger. Der Hund muß die diesem Futter fehlende Feuchtigkeit durch entsprechende Flüssigkeitsaufnahme ersetzen.
- *Halbfeuchtfutter* – ebenfalls eine Vollnahrung. Der Feuchtigkeitsgehalt liegt zwischen Trocken- und Dosenfutter, nämlich bei 25%. Auch Halbfeuchtfutter ist wesentlich energiehaltiger als Dosenfutter. Der Bedarf an Flüssigkeit wird durch den Wassergehalt der Nahrung und durch Trinkwasser gedeckt.

Da bei Trocken-, Halbtrocken- und Halbfeuchtfutter der Wassergehalt geringer ist, steigt naturgemäß die Trinkwasseraufnahme. Darum: Stets frisches Wasser ausreichend zur Verfügung stellen.

Futtermengen

Wieviel Sie Ihrem Dackel von dem einen oder anderen Produkt geben müssen, ist jeweils auf der Packung angegeben. Sie sollten sich allerdings nicht allzu genau daran halten, denn es handelt sich hier nur um allgemeine Richtlinien. Die Futtermenge für Hunde aller Rassen verbindlich zu bestimmen, ist nicht möglich. Vieles spielt da eine Rolle. Der eine Hund ist ein guter Futterverwerter, das heißt er setzt schnell Speck an, der andere kann so viel futtern wie er mag und bekommt, er bleibt trotzdem schlank. Der eine hat sehr viel Bewegung und braucht entsprechend reich-

lich Futter; der andere wird nur selten oder kurz spazierengeführt, in seine Schüssel muß sehr viel weniger Futter kommen. Beobachten Sie Ihren Dackel: er soll »rippenblank« sein, aber kein Fett ansetzen.
Ein wesentlicher Unterschied in der Futtermenge besteht zwischen dem heranwachsenden und dem ausgewachsenen Hund. Welpe und Junghund brauchen im Verhältnis zur Größe die doppelte Futtermenge wie der ausgewachsene Hund. Ich habe es stets so gehalten: die jungen Hunde bekamen reichlich Futter vorgesetzt, was sie davon nicht nach zehn Minuten verspeist hatten, wurde weggenommen. Natürlich muß der Welpe auch wesentlich häufiger gefüttert werden als der erwachsene Hund, der nur eine Mahlzeit am Tag braucht. Der 10 bis 12 Wochen alte Welpe wird fünfmal am Tag gefüttert – und in der ersten Zeit genau nach dem Plan, den Ihnen der Züchter sagt. Eine schroffe Futterumstellung kann schlimme Verdauungsstörungen bewirken. Der Kleine selbst zeigt uns

Wer seinen Dackel auch noch vom Tisch aus füttert, darf sich nicht wundern, wenn er eines Tages rund wie eine Walze geworden ist.

durch reduzierten Appetit, wann er von fünf auf vier Mahlzeiten und später auf drei gesetzt werden kann.
Sie müssen also die Zahl der Mahlzeiten auf vier, dann auf drei und schließlich auf zwei verringern. Mit spätestens einem Jahr braucht Ihr Dackel nur noch eine Vollmahlzeit, die Sie ihm nach Belieben mittags oder abends geben können. Meine Hunde bekommen beispielsweise ihr Hauptfutter mittags, aber morgens und abends 2 bis 3 kleine Hundekuchen oder Frolicringe.
Bei der Wahl zwischen Frischfutter und Fertigfutter sollte sich der, der absolut nichts falsch machen will, für Fertigfutter entscheiden.
Zum Schluß noch ein sehr wichtiger Rat: Geben Sie Ihrem Hund niemals rohes Schweinefleisch, nicht die geringste Menge! Bei Schweinen kommt ein Virus vor, der zwar für den Menschen ungefährlich ist, wohl aber vom Schwein auf andere Säugetiere übertragen werden kann. Beim Hund führt er zu einer blitzartig auftretenden und stets tödlich verlaufenden Erkrankung: der Aujeszkyschen Krankheit. Ein Hund, der sich mit diesem Virus infiziert, stirbt binnen 24 bis 36 Stunden.
Denken Sie bitte auch daran, daß im Hackfleisch meist auch Schweinefleisch enthalten ist. Es darf also nicht roh gegeben werden. Gekochtes Schweinefleisch dagegen ist ungefährlich.
Ob Sie Ihren Dackel richtig ernähren, merken Sie an seinem Aussehen: Schaut er Sie aus klaren, blanken Augen an und ist nicht zu dick, dann dürfen Sie ziemlich sicher sein, ihm das Richtige gegeben zu haben. Trotzdem sollten Sie dann und wann zum Tierarzt gehen, um ihn untersuchen und so Ihre Meinung bestätigen zu lassen.

Wenn Ihr Dackel krank wird

Wird ein Hund krank, gehört er in die Hand eines erfahrenen Tierarztes, denn nur er kann erkennen, was dem Hund fehlt. Jede Verzögerung, weil man etwa auf die Ratschläge anderer Hundebesitzer gehört hat, die dann sagen: »Das hat meiner auch mal gehabt, und da hat er die und die Medizin bekommen!«, kann sich verhängnisvoll auswirken. Vielleicht wird der Zeitpunkt, zu dem eine wirksame Behandlung noch möglich gewesen wäre, dadurch verpaßt. Ich bringe meine Hunde daher lieber zehnmal »zu früh« als ein einziges Mal zu spät zum Tierarzt!

Das bedeutet aber nun nicht, daß Sie jedesmal den Tierarzt aufsuchen müssen, wenn der Dackel ein wenig bricht oder Durchfall hat.

Krankheitsanzeichen

Schenken Sie der Fellbeschaffenheit Ihres Dackels immer besondere Aufmerksamkeit. Das Haar verrät uns viel über sein Befinden, sei es durch Glanzlosigkeit und struppiges Aussehen (unnatürlich struppig!), sei es durch Kahlstellen oder starken Ausfall außerhalb der Haarwechselzeiten (vor Beginn und nach dem Ende der kalten Jahreszeit). Kratzt sich Ihr Hund allzu häufig und sind äußere Parasiten wie Flöhe, Zecken (in seltenen Fällen Läuse) mit Sicherheit auszuschließen, bedeutet das heftige Kratzen: hier stimmt etwas nicht! Von Ekzemen, die sich durch Juckreiz ankündigen, über allergische Reaktionen bis zu inneren Krankheiten wie Diabetes (Zukkerkrankheit) reichen die Möglichkeiten. Die wirkliche Ursache kann nur der Tierarzt feststellen. Ich möchte hier aber davor warnen, »das bißchen Gekratze« auf die leichte Schulter zu nehmen.

Kratzt sich Ihr Teckel viel an den Ohren, quiekt dabei vielleicht sogar, dann gehen Sie schnell mit ihm zum Tierarzt: Es kann sich um den mit Recht gefürchteten »Ohrzwang« handeln. Diese Gehörgangsentzündung kann durch Milben, aber auch durch die schon erwähnten in den Gehörgang eingedrungenen Pflanzensamen entstehen.

Als typisches Anzeichen für Wurmbefall gilt das »Schlittenfahren« der Hunde, das Herumrutschen auf dem Hinterteil. Es kann, aber es muß durchaus nicht Wurmbefall anzeigen, sondern ist viel häufiger ein Zeichen dafür, daß die Analdrüsen nicht richtig funktionieren. Lassen Sie den Tierarzt überprüfen, ob die Analdrüsen verstopft sind! Wenn nicht auf die ersten Anzeichen geachtet wird, kann es zu einer sehr schmerzhaften Entzündung mit

Wenn sich Ihr Dackel oft an den Ohren kratzt, sollten Sie ihn sofort vom Tierarzt untersuchen lassen.

Abszeßbildung kommen. Manche Hunde neigen dazu. Sie sehen also: Es kommt auf die Umstände an, auf den Eindruck, den der Hund macht. Wenn Sie als Neu-Hundebesitzer noch sehr unsicher in der Beurteilung solcher Anzeichen sind, sollten Sie einen vielleicht unnötigen Gang zum Tierarzt nicht scheuen; das ist besser, als sich hinterher sagen zu müssen: »Wäre ich doch nur . . .!« Greifen Sie übrigens auf keinen Fall in Ihren Arzneimittel-Vorrat für menschliche Beschwerden! Es gibt Medikamente, die zwar in der Humanmedizin angebracht sind, nicht aber beim Hund. *Jede* Arznei, auch wenn sie noch so »harmlos« ist, sollte für den Hund vom Veterinärmediziner verordnet und dosiert werden.

Erbrechen

Bei Hunden kann Erbrechen durchaus harmlos sein. Wenn Sie Ihrem Dackel Knochen füttern, kann er unverdauliche Knochensplitter im Magen behalten und sie dann erbrechen. Hier gilt: Einmaliges oder auch zweimaliges Erbrechen ist ohne Bedeutung, wenn sich der Hund danach wieder völlig normal verhält. Wiederholt sich das Erbrechen aber immer wieder, ist dies ein gefährliches Symptom. Der Dackel kann einen Fremdkörper verschluckt haben und schnellste Hilfe ist dann notwendig. Auch Vergiftungen können mit Erbrechen und Durchfällen beginnen. Dann ist ebenfalls sofortige Hilfe geboten.

Durchfall

Oft ist Durchfall eine Folge falscher Ernährung. Ihr Dackel hat vielleicht etwas reichlich Leber bekommen; Milch – die ein ausgewachsener Hund zwar nicht braucht, aber doch manchmal bekommt – schlägt oft kräftig durch, oder er hat einfach nur zu kaltes Wasser getrunken. Setzen Sie ihn in einem solchen Fall ein bißchen auf Diät: Haferschleim und Zwieback zum Beispiel. Sollte der Durchfall aber auch am nächsten Tag noch anhalten, würde ich raten, den Tierarzt aufzusuchen. Länger anhaltender Durchfall schwächt das Tier nicht nur, er kann eben auch Anzeichen ernster Erkrankungen sein.

Innenparasiten – Wurmbefall

Eine allgemeine, aber sehr häufige Gesundheitsstörung bei Hunden ist der Befall mit inneren Parasiten, also Würmern. Welpen haben fast immer Spulwürmer. Bei einem zuverlässigen Züchter werden die kleinen Hunde selbstverständlich schon einer ersten Wurmkur unterzogen; sie muß dann aber noch einmal wiederholt werden. Wenn Sie zur Nachimpfung mit Ihrem Welpen zum Tierarzt gehen, sollten Sie ein wenig frischen Kot mitnehmen, damit untersucht werden kann, ob vielleicht noch andere Wurmarten vorhanden sind. Bandwürmer sind beim Hund seltener, müssen aber unbedingt sofort bekämpft werden und zwar *nur* mit vom Tierarzt verordneten Mitteln. Es kommen noch Haken- und Peitschenwürmer beim Hund vor. Sie treten vor allem bei Hunden aus verwahrlosten Zwingern auf. Da jede Wurmkur den Hund etwas schwächt, möchte ich noch einmal unterstreichen: Nur der Tierarzt sollte das entsprechende Medikament und die Dosierung bestimmen.

Wenn Ihr Dackel krank wird

Dackellähme

Beim Dackel wird auf Grund der unnatürlichen Hebelgesetze – langer Körper auf kurzen Beinen – die Wirbelsäule besonders stark belastet. Dadurch kann es unter Umständen zu einem Bandscheibenvorfall kommen. Je nachdem an welcher Stelle der Wirbelsäule dieser Vorfall auftritt und wie er beschaffen ist, kann eine schnelle Heilung möglich sein. Es kann aber auch zu einer Lähmung der Hinterhand kommen; sie ist manchmal noch zu beheben, aber leider eben nur manchmal, wobei meist noch mit Rückfällen zu rechnen ist. Ganz entscheidend ist, wie schnell der Patient in Behandlung kommt!
Selbst bei einem kaum merkbar »verknaxten« Rückgrat sollten Sie Ihren Teckel lieber dem Tierarzt vorführen. Der Hund springt vielleicht von einem Sessel, quiekt dabei auf, bewegt sich kurze Zeit etwas steifbeinig – und dann scheint alles wieder in Ordnung zu sein. Es ist aber ein deutliches Zeichen dafür, daß dieser Hund anfällig für die Dackellähme ist, also sprechen Sie besser einmal mit dem Tierarzt darüber. Achten Sie auch darauf, daß Ihr Dackel nicht mehr vom Sessel springt.
Nach dem neuesten Stand der Veterinärmedizin kann diese ernste und folgenschwere Erkrankung geheilt werden.
Eine Heilung – sei es durch Operation oder medikamentöse Behandlung – ist aber nur möglich, wenn die Krankheit frühzeitig erkannt wird. Leider können sogar junge Dakkel schon von dieser Erkrankung befallen werden – häufiger im Alter zwischen 4 bis 7 Jahren, seltener nach 7 Jahren. Die meisten Patienten mit Dackellähme in einer tierärztlichen Praxis sind allerdings ältere Tiere.
Da die Krankheitszeichen nicht in jedem Falle deutlich erkennbar sind, und da auftretende Beschwerden auch plötzlich wieder vergehen können, sollten Sie bereits bei dem geringsten Verdacht einen Tierarzt aufsuchen, um die Diagnose stellen zu lassen.
Warnende Anzeichen sind:

- Steife Körperhaltung,
- Schmerzen in der Hals- oder Lendenwirbelgegend,
- außergewöhnliche Bewegungsunlust,
- Bewegungsstörungen.

Der Tierarzt unterscheidet beim Ablauf der Krankheit zwei Stadien: das Schmerz- und das Lähmungsstadium. Die Heilungschancen sind natürlich am größten, wenn die Krankheit schon während des ersten, des Schmerzstadiums, erkannt wird.
Eine medikamentöse Behandlung der Dakkellähme im Rückenbereich führt etwa bei der Hälfte aller Fälle zum Erfolg. Es ist aber fast immer mit schwereren Rückfällen zu rechnen.
Sehr viel günstiger sind die Aussichten der Heilung durch eine Operation. Sie wird mittlerweile an vielen Kliniken gemacht; die Klinik in der Nähe Ihres Wohnortes nennt Ihnen Ihr Tierarzt. In der Schweiz hat der Tierarzt Dr. J. Komàromy auch schon viele dieser Operationen erfolgreich durchgeführt (Adresse → Seite 69). Die Rückfallquote ist mit etwa 2% äußerst gering.
Die Operation sollte nach Auftreten von Schmerzen sofort erfolgen; möglichst während des Schmerzstadiums. In diesem Fall ist der kleine Patient sofort nach dem Eingriff schmerzfrei und kann nach zehntägiger Behandlung entlassen werden. Tritt plötzlich eine teilweise Lahmheit auf, kann der Hund also nicht mehr gehen, sollte die Operation möglichst innerhalb der nächsten 6 bis 24 Stunden vorgenommen werden. Jede Verzögerung kann den Heilerfolg verringern. So-

lange jedoch noch keine Blasenlähmung vorliegt, kann der Dackel auch noch nach vier bis fünf Tagen mit Erfolg operiert werden. Die Rekonvaleszenzzeit nach sofortiger Operation beträgt durchschnittlich drei Wochen. Wenn in einem späteren Stadium operiert wurde, sind die Chancen eindeutig schlechter: die Genesung kann dann bis zu drei Monate dauern, manchmal bleibt der Heilerfolg aber auch aus.
Im Bereich der Halswirbel kommen Lähmungen seltener vor. Es handelt sich meist nur um eine leichtere Lahmheit vorne links oder rechts, die allerdings sehr schmerzhaft ist. In diesem Fall wird zunächst versucht, die Heilung durch eine längere Behandlung mit Medikamenten herbeizuführen. Wenn diese Behandlung ohne Erfolg bleibt, wird je nach Schmerzzustand früher oder später operiert.

Infektionskrankheiten

Staupe: Diese gefährliche Infektionskrankheit hat ihre Schrecken durch die Schutzimpfung weitgehend verloren. In ihren vielfältigen Formen äußert sie sich zunächst durch Fieber, rinnende Nase, tränende Augen und Durchfall. Da ein Dackel sich auch einmal eine harmlose Erkältung zuziehen kann und ihm dann ebenfalls die Nase rinnen wird und die Augen tränen können, sollten Sie bei diesen Anzeichen immer wachsam sein und den Hund beobachten. Ist er aber gegen Staupe stets rechtzeitig geimpft worden, kann kaum eine Staupe-Infektion vorliegen. Andernfalls müssen Sie natürlich sofort den Tierarzt aufsuchen.
Leider kann es vorkommen, daß ein nachlässiger Züchter oder ein unseriöser Händler den Welpen entweder gar nicht oder nur mit einer passiven Schutzimpfung versehen läßt. Sie wirkt nur drei Wochen. Es heißt dann, daß der Hund »gegen Staupe geimpft« wurde – und der ahnungslose Käufer verläßt sich darauf. Die aktive Schutzimpfung mit Vaccinen wirkt erst nach vier Wochen, bietet dann aber echten Schutz. Ist der Hund mit diesem Impfstoff behandelt worden, muß darüber ein Impfpaß, vom Tierarzt ausgefüllt, vorliegen. Die Staupeschutzimpfung muß nach 1 bis 1½ Jahren wiederholt werden.

Leptospirose: Diese Krankheit ist auch unter dem Namen Stuttgarter Hundeseuche bekannt. Sie tritt besonders in der kühlen Jahreszeit, im Herbst und im Winter auf. Rüden sind durch sie mehr gefährdet als Hündinnen. Gelbsucht gehört häufig mit zum Erscheinungsbild dieser Erkrankung, die bei einer sofortigen Behandlung mit Antibiotika manchmal geheilt werden kann. Ein wirkungsvoller Schutz des Hundes wird aber nur durch die entsprechende Impfung erreicht. Sie muß wiederholt werden. Es ist dringend zu empfehlen, daß Sie Ihren Dackel damit gegen diese Krankheit rechtzeitig immunisieren.

Hepatitis: Diese ansteckende Leberentzündung ist uns Menschen ja leider auch bekannt. Auch hier ist die Gefahr beim Hund durch Schutzimpfung zu bannen.
Fieber, Mattigkeit, Appetitmangel sind erste Anzeichen der Hepatitis. Und nochmals muß ich sagen: ein pünktlich durchgeimpfter Hund kann sich eigentlich mit dieser Krankheit nicht infizieren! Trotzdem sollten Sie darauf achten, daß Ihr Hund nicht aus trüben Pfützen, Tümpeln und verunreinigten Bächen trinkt; es sind Tummelplätze für Bakterien!

Oben: Dunkle Kurzhaar- und Langhaardackel aus englischer Zucht. ▷
Unten: Rauhhaar-, Kurzhaar- und Langhaardackel auf einem Bild vereint.

Tollwut: Es ist ganz unverständlich, wie gleichgültig viele Hundebesitzer dieser furchtbaren Infektionskrankheit gegenüberstehen und der Meinung sind, ihr Hund könne doch gar nicht mit Tieren zusammenkommen, die Tollwut haben, und ihn daher auch nicht impfen lassen.
Jeder Hund kann – und das völlig unbemerkt – Kontakt mit einem an Tollwut erkrankten oder an dieser Seuche verendeten Tier haben. Wer kann schon ausschließen, daß ausgerechnet *sein* Hund nicht in diese Lage kommt?
Sie gehen beispielsweise spazieren – in einem stadtnahen Wald oder in einem Park, der Hund stöbert ein bißchen abseits des Weges – da liegt ein totes Kaninchen, ein Hase, ein Wiesel oder eine Katze. Ihr Dackel beschnuppert den Kadaver, bevor Sie es bemerken und ihn zurückrufen können; eine Infektion kann dann schon erfolgt sein! Oder er trifft auf dem Spaziergang mit einem streunenden Hund zusammen, der zwar ziemlich verwahrlost ist, aber sonst ganz normal zu sein scheint; können Sie wirklich sicher sein, daß so ein Streuner nicht mit Tollwut infiziert ist?
Die Wildtollwut hat sich in den letzten fünfzehn Jahren derart ausgebreitet, daß sie wohl schwerlich wieder in den Griff zu bekommen ist. Sie tritt mal stärker, mal weniger stark auf, ist aber grundsätzlich konstant. Im Umkreis von etwa zwanzig Kilometern von meinem Wohnort im Holsteinischen mußten innerhalb eines Jahres sechs Hunde wegen Tollwutverdachts getötet werden. Von diesen sechs habe ich per Zufall erfahren, wieviel sonst noch daran glauben mußten, ist mir unbekannt. Sie alle hatten Kontakt mit tollwutverdächtigen Füchsen, Katzen, anderen Wildtieren wie Mardern oder mit bereits infizierten anderen Hunden. In jedem Fall mußten die Besitzer und alle Personen, die mit den Hunden in Berührung gekommen waren, sich der nicht ganz ungefährlichen und sehr unangenehmen Schutzimpfung unterziehen: Tollwut ist unheilbar – und führt unter furchtbaren Qualen zum Tod.
Jeder Hund, bei dem nur der kleinste Verdacht besteht, daß er mit einem tollwütigen Tier Berührung hatte, muß getötet werden.
Das alles läßt sich vermeiden: die Angst, durch seinen Hund mit Tollwut infiziert zu werden; der Kummer, den es bereitet, wenn der Hund seinerseits den gefährlichen Kontakt gehabt haben könnte und schon auf den Verdacht hin eingeschläfert werden muß.
Eine jährlich wiederholte Schutzimpfung befreit uns von diesen Gefahren. Selbst wenn das Pech es will und der Hund die gefürchtete Begegnung hatte, braucht er dann nicht getötet zu werden, sondern kommt nur eine bestimmte Zeit in Quarantäne.
Wenn ich dieses Thema so ausführlich behandelt habe, geschah es, weil die Tollwutgefahr so häufig verharmlost wird. Lassen Sie Ihren Dackel auch dann unbedingt gegen Tollwut impfen, wenn Sie mit ihm niemals die Stadt verlassen; auch Mäuse, Ratten und Katzen sind Überträger dieser Krankheit.

Schutzimpfungen

Seit langem schon gibt es eine kombinierte Schutzimpfung gegen die drei Hundeseuchen: Staupe, Leptospirose und Hepatitis. Neuerdings gibt es auch eine Vierfach-Impfung, die die Tollwutschutzimpfung einschließt.
Wann sollen die Impfungen nun erfolgen?
Die sogenannte Grundimmunisierung des Welpen wird normalerweise schon vom Züchter vorgenommen, und zwar zum ersten Mal zwischen der siebten und neunten Woche. Die

◁ Ausgebildeter Dachshund aus der Zucht von Frau Irmgard Loiperdinger, Pfaffenhofen.

zweite Impfung soll der Welpe dann mit 12 bis 14 Wochen bekommen. Das bedeutet, daß diese zweite Schutzimpfung oft vom Käufer des Hundes durchzuführen ist. Versäumen Sie den Termin nicht! Selbstverständlich muß der Verkäufer Ihnen einen vom Tierarzt ausgefüllten Impfpaß mitgeben, und zwar kostenlos.
Ob beim zweiten Mal schon die Tollwutschutzimpfung mit durchgeführt werden kann – das sollten Sie den Tierarzt entscheiden lassen. Übrigens: wer mit seinem Hund ins Ausland reist, ist verpflichtet, ihn gegen Tollwut impfen zu lassen. Die Impfung muß mindestens vier Wochen vor Reiseantritt erfolgen und darf nicht über zwölf Monate zurückliegen.

Fieber und Fiebermessen

Sie sollten natürlich in der Lage sein, bei Ihrem Hund selbst Fieber zu messen, denn Fieber und ebenso Untertemperatur sind sichere Anzeichen dafür, daß die Unpäßlichkeit des Hundes ernster Natur ist. Besorgen Sie sich – vom Tierarzt – ein Fieberthermometer für Hunde. Es ist unzerbrechlich. Zum Messen der Temperatur muß eine Person den Dackel halten und besänftigen, falls er unruhig wird, die andere führt das mit Vaseline gleitfähig gemachte Thermometer vorsichtig in den After ein. Der Schwanz wird dabei etwas angehoben und dann zusammen mit dem Thermometer festgehalten. Auf diese Weise kann der Hund nicht durch Wedeln den Vorgang stören. Etwa drei Minuten wird gemessen.
Was ist bei einem Hund nun die normale Temperatur? Sie liegt höher als beim Menschen, etwa zwischen 37 und 39° C. Dabei haben junge Hunde eine Temperatur um 38° C, die der älteren liegt mit 37° bis 38° C etwas niedriger. Steigt die Temperatur über 39° – bei älteren Hunden schon in die Nähe dieser Marke –, so ist das Fieber und somit ein Alarmzeichen. Sinkt die Temperatur unter 37°, ist es Untertemperatur und ebenso alarmierend. Sie sollten in beiden Fällen sofort den Tierarzt einschalten.

Das Eingeben von Medikamenten

Manche Medikamente nehmen Hunde gerne, darum sollten Sie als erstes einmal ausprobieren, ob Ihr Dackel die Medizin, die Sie ihm verabreichen müssen, auch freiwillig nimmt. Wenn er sie ablehnt, bleibt nur der Zwang. Der Hund muß sich hinsetzen, gleichgültig, ob es nun um Tabletten oder Flüssigkeit geht. Werden Sie allein nicht mit ihm fertig, dann muß ihn eine zweite Person festhalten. So geben Sie ihm Tabletten ein: Fang öffnen, indem Sie mit einer Hand über den Fang fassen und die Kinnladen auseinander drükken, dann die Tablette weit hinten auf die Zungenwurzel legen, den Fang schließen und mit ganz leichtem Druck zuhalten. Wenn Sie jetzt sanft über seine Kehle streichen, spüren Sie, ob Ihr Dackel die Tablette herunterschluckt. Bei den kleinen »Freßsäcken« ist es meist weniger schwierig: Die Pille oder Tablette wird in etwas Rinderhack oder Leberwurst gesteckt, dieser Happen wird dem Hund zugeworfen. Er schluckt ihn eilig herunter, ohne den Inhalt überhaupt wahrzunehmen. Auch zum Eingeben flüssiger Medizin wird der Hund wieder zum Sitzen gebracht. Sie ziehen vorsichtig die Lefze zu einer »Tasche« ab, geben die vorher abgemessene Flüssigkeit hinein, heben den Kopf des Hundes leicht an – und er muß schlucken. Bitte den Kopf nicht zu hoch heben, denn sonst könnte er etwas von der Flüssigkeit buchstäblich in die falsche Kehle bekommen.

Hundekrankheiten – Gefahr für den Menschen?

Sicher möchten Sie noch wissen, ob Infektionskrankheiten der Hunde auf den Menschen übertragbar sind. Bei einer Form der Leptospirose ist dies der Fall. Es handelt sich dabei um die Weilsche Krankheit, die wie die Stuttgarter Hundeseuche verläuft. Der geimpfte Hund bedeutet keine Gefahr.
Falls Sie nun noch nach der Toxoplasmose fragen, weil Sie verschiedentlich gelesen haben, daß diese Krankheit, die das ungeborene Kind gefährden kann, auch von Hunden übertragen wird, kann ich Sie beruhigen: das stimmt nicht! Der Hund scheidet mit Sicherheit als Überträger der Toxoplasmose aus.
Es gibt aber leider andere »moderne« Krankheiten, die sich vom Hund auf den Menschen (und in diesen Fällen wohl auch umgekehrt!) übertragen: Es sind die Pilzkrankheiten. Ihre Verbreitung nimmt ständig zu, nicht nur bei uns Menschen, sondern auch bei den Tieren.

Auch ein Hund ist nicht gern beim Arzt. Sprechen Sie während der Untersuchung immer wieder beruhigend auf Ihren Dackel ein.

Einschläferung

Lassen Sie mich in der Frage der Einschläferung ein sehr ernst gemeintes Wort sagen: Siechtum bei Menschen ist entsetzlich, und auch in völlig hoffnungslosen Fällen wird der unglückliche Mensch mit Hilfe der verschiedensten Apparate noch am Leben erhalten – wenn so etwas »Leben« genannt werden kann. Tiere darf man erlösen, wenn es feststeht, daß keine Hilfe mehr möglich ist, sondern nur noch Leiden zu erwarten sind. Ich kann jene Hundehalter nicht verstehen, die den Tierarzt dazu bringen, Leben und Leiden ihres vierbeinigen Freundes sinnlos zu verlängern, statt ihm die erlösende Einschläferungsspritze geben zu lassen. Ich glaube, dies ist keine Tierliebe, sondern Eigenliebe.
Auch ein an sich kerngesunder Hund kann einmal krank werden und viel Kummer und Kosten bereiten; er ist davor ebenso wenig gefeit wie wir Menschen. Doch die Tiermedizin hat ebenso große Fortschritte gemacht wie die Humanmedizin. Nicht nur die Schutzimpfungen bewahren unsere Hunde vor den schweren Krankheiten und Seuchen, auch die Operationstechnik hat einen hohen Stand erreicht. Nur: Sie sollten mit Ihrem Dackel in jedem Fall einen Tierarzt aufsuchen, der auf Behandlung von Heimtieren spezialisiert ist.

Dackel verstehen lernen

Geschichte des Dackels

Der Wolf – erwiesenermaßen einziger Urahn aller Hunderassen – hat lange Beine. Langbeinig dürften also zu Beginn der Haustierwerdung, der Domestikation, alle Hunde gewesen sein.
Doch die Natur hat Launen, Launen, nach denen sie manchmal in von uns Menschen sorgfältig ausgeklügelte, bewährte Zuchtmethoden eingreift und dem erstaunten Züchter etwas in die Wurfkiste legt, das er weder gewollt noch erwartet hat.
So können beispielsweise Cairnterrier viele Haarfärbungen aufweisen, von rötlichem bis sandfarbenem Fell, grau bis fast schwarz. Nur weiß steht nicht auf ihrer Farbskala. Aber trotzdem gab es eines Tages weiße Welpen in einem sonst normal gefärbten Wurf. Die Züchter töteten die »Fehlfarben«. Aber immer wieder wurden Welpen mit weißem Fell geboren. Schließlich kam ein Züchter auf die Idee, aus dieser Laune der Natur eine neue Terrierrasse entstehen zu lassen: den weißen Hochlandterrier.
Es ließen sich noch viele solcher Beispiele aufzählen. Wissenschaftlich werden diese Varianten der Natur »Mutationen« genannt. Eine Mutation ist eine plötzliche Veränderung im Erbgefüge.
Die Verkürzung der normalerweise langen Hundebeine muß ebenfalls durch Mutation erfolgt sein, und vielleicht wurden damals die Kurzbeinigen auch zuerst einmal beseitigt, bis sich zeigte, daß auch Hunde mit kurzen Beinen sehr nützlich sein können.
Wann das geschah, läßt sich nicht sagen. Aber Farbveränderungen, Kurzbeinigkeit und Hängeohren entstanden durch Mutationen, und sie blieben erhalten, weil es immer irgendwann einen Menschen gab, der an diesen Hunden mit dem ungewollt veränderten Aussehen Gefallen fand und sie sich vermehren ließ. Den anspruchsvollen Begriff »züchten« möchte ich für dieses Frühstadium der Hundehaltung noch nicht anwenden.

Dackel wurden in der Vergangenheit vorwiegend für die Dachs- und Fuchsjagd gezüchtet. Ein Überbleibsel aus dieser Vergangenheit als »Jäger« ist die Lust am Scharren.

Im Altertum gab es bereits viele verschiedene Arten von Hunden, darunter auch niederläufige. Die Darstellung einer langgestreckten, kurzbeinigen Hündin mit spitzem Fang und Stehohren wurde in einem Felsengrab von Berscheb in Ägypten entdeckt. Sie stammt aus der Zeit des »mittleren Reiches« im zweiten Jahrtausend vor Christus. Ob diese ägyptische Hunderasse als Vorläufer unseres Dachshundes angesehen werden kann, ist zweifelhaft. Kurze Beine und langer Körper sind dackelähnlich, Fang und Ohren ähneln mehr einem Terrier. Beweisen läßt sich mit dieser Darstellung eigentlich nur, daß es auch damals schon Hunde gegeben hat mit extrem kurzen Läufen und einem sehr langen Rücken.

Warum Dackel krumme Beine haben

Wodurch nun das entstand, was noch heute als »dackelbeinig« bezeichnet wird, nämlich die für meine Begriffe krankhafte Krümmung der Vorderläufe, läßt sich nicht feststellen. Doch wie sehr sich die Begriffe »Dackel« und »krumme Beine« als zusammengehörig in den Köpfen der Menschen festgesetzt haben, zeigt sich darin, daß in laienhaften Veröffentlichungen immer wieder von »Krummbein« geschrieben wird, wenn ein Dackel gemeint ist.
Lange Zeit hindurch wurde von seiten der Züchter ja auch nichts dagegen unternommen. Im Gegenteil, es bestand die unrichtige Meinung, daß der Dackel sich mit seinen krummen Läufen besser in Fuchs- und Kaninchenbauten wühlen könne.
Zum Glück für die Dackel wurde dann aber erkannt, daß diese krankhaft verkrümmten Beinchen den Hund eher behinderten, man stellte die Zucht um; der Dackel sollte nicht mehr auf den sprichwörtlichen Dackelbeinen herumlaufen, sondern gerade Läufe bekommen.
So etwas geht natürlich nicht von heut auf morgen. Und so gibt es vereinzelt immer noch Dackel, die »Dackelbeine« haben. Aber sie sind selten geworden – zum Glück für diese netten Hunde!

Lautsprache – Körpersprache

Jeder Dackelbesitzer lernt mit der Zeit die vielseitige Lautsprache seines Hundes kennen. Das Bellen kann vergnügt klingen, wütend oder melancholisch. Der Hund kann warnend knurren, schmerzvoll jaulen, tief betrübt heulen und bei höchstem Wohlbehagen ein leises »Brummen« hören lassen. Die Lautäußerungen einer Hündin gegenüber ihren Welpen sind noch vielseitiger – das muß man aber selbst gehört haben, schildern läßt es sich schlecht.
Ein Hund, besonders ein Dackel, kann nicht nur mit der Stimme sprechen, er kann es auch mit dem Körper. So wie wir unsere Gebär-

Wenn man Hunde und Katzen frühzeitig aneinander gewöhnt, können sie sehr verträgliche Hausgenossen werden.

densprache haben, unsere Mimik, die wir meist ganz unbewußt einsetzen, so verfügt auch der Hund über eine sehr deutliche Körpersprache – man muß sie nur verstehen!
Daß das Wedeln mit der Rute Freundlichkeit signalisiert, ist allgemein bekannt. Doch sollten Sie sich nicht allzu sehr darauf verlassen, daß ein fremder Hund sich anfassen läßt, nur weil er wedelt: er kann zwar auf die freundlichen Worte, die Sie zu ihm sagen, mit Schwanzwedeln »antworten«, das ist aber noch nicht gleichbedeutend damit, daß Sie ihn auch unbeschadet streicheln können. Hände weg von fremden Hunden, wenn der Hundebesitzer nicht vorher ausdrücklich zustimmt! Das möchte ich nachdrücklich raten – Sie sollten es vor allem Ihren Kindern einprägen!
Das Spiel der Ohren drückt ebenfalls sehr viel aus. Angelegte Ohren zeigen immer, daß etwas nicht stimmt. Bei dem älteren, erfahrenen Hund kann es tatsächlich so etwas wie »schlechtes Gewissen« ausdrücken. Er hat etwas angestellt, von dem er aus Erfahrung weiß, daß es dadurch Ärger gibt. Ein Hund kann aber auch aus Freude die Ohren anlegen; dann allerdings wedelt er gleichzeitig. Beim jungen, unerfahrenen Hund zeigen angelegte Ohren Verunsicherung an, Angst kann auch dahinterstecken. In Verbindung mit dem wedelnden Schwänzchen drückt es auch bei ihm Freude aus. Gespitzte Ohren bedeuten erhöhte Aufmerksamkeit.
Zeigt ein Hund die Zähne, muß er nicht unbedingt beißen wollen; manche Hunde entblößen ein wenig die Vorderzähne zu einer Art »Lachen«. Nach meiner Erfahrung steckt ein bißchen Verlegenheit dahinter. Dazu ein kleines Beispiel: Ich rufe meinen Dackel, weil ich gemerkt habe, daß er sich kratzt und ich der Sache gleich einmal auf den Grund gehen möchte. Zwar habe ich ihn – meiner Meinung nach – mit durchaus normaler Stimme gerufen, aber irgendwie hat der Hund gespürt, daß ich noch etwas anderes mit ihm vorhabe. Er kommt zwar, wedelt auch, aber gleichzeitig »grinst« er mich ein bißchen an. Auch Gähnen kann eine Verlegenheitsgeste sein.
Kommt ein Hund mit ganz steifen Beinen angestelzt, und sträubt sich dabei noch sein Rückenhaar, ist große Vorsicht geboten: Gutes hat er nicht vor! Zwar wird er weniger einem Menschen in dieser drohenden Haltung entgegenkommen – obwohl es das auch manchmal gibt –, er verhält sich so eher einem mißliebigen Artgenossen gegenüber. Hochgezogene Lefzen, so daß alle Zähne sichtbar sind, bedeuten höchste Alarmstufe: Dieser Hund beißt kompromißlos zu!
An dieser Stelle möchte ich noch kurz den Begriff »Angstbeißer« erklären. Ein selbstbewußter Hund mit starkem Charakter hat es nicht nötig, eine drohende Haltung einzunehmen oder gar anzugreifen. Der ängstliche Hund hingegen lebt dauernd in der Furcht, ihm könne einer etwas tun – er beißt mehr oder weniger wahllos zu, sobald sich ihm ein Hund oder ein Mensch nähert. Seltsamerweise kann ein solcher Hund dann in den Ruf geraten, »sehr scharf« und ein guter Wächter zu sein. Dabei läßt ihn nur die Angst so furchterregend erscheinen.
Achten Sie also stets auf die Körperhaltung eines Hundes – er kann auch mit seinem Körper sehr deutlich reden!
Dackel haben eine besonders starke Ausdruckskraft durch ihre lebhaften Augen. Ihr Gesicht kann die ganze Skala der Empfindungen widerspiegeln – Freude, sogar Vorfreude, Schmerz und Trauer, Kampflust und Stolz, Ungeduld, Schuldbewußtsein und Ergebenheit – und nicht zuletzt Beleidigtsein.

Dackel verstehen lernen

Typisch Dackel

Ein Hund mit Charakter
Die landläufige Meinung über den Dackel ist, er sei eigenwillig, habe einen Dickkopf und lerne nie zu gehorchen. Diese Ansichten sitzen in den Köpfen vieler Menschen ebenso fest wie die Gedankenverbindung »Krummbein = Dackel«.
Ich habe schon so manchen besonders unerzogenen Dackel kennengelernt. Die Besitzer erklärten mir wortreich: Da ja ein Dackel bekanntlich doch nicht gehorchen lerne, lohne es gar nicht erst, sich darum zu bemühen! Ein Standpunkt, der mich ebenso verblüffte wie die Reaktion mancher Menschen, die erstaunt feststellen, wie gut meine Dackel gehorchen. »Wie machen Sie das bloß?« so bin ich mehrfach gefragt worden. Die Antwort darauf ist eigentlich sehr einfach: Ich komme überhaupt nicht auf den Gedanken, daß einer meiner Dackel mir nicht gehorchen könnte. Natürlich habe ich Teckel gehabt, die sich mühelos erziehen ließen und andere, bei denen ich viel Konsequenz und Energie aufbringen mußte, bis sie begriffen hatten, daß ich »Oberhund« war. Aber das ist doch ganz natürlich, denn Dackel sind Lebewesen mit sehr ausgeprägten Charakteranlagen.
Zu den Charaktereigenschaften des Dackels gehört nun tatsächlich eine gute Portion Selbständigkeit, die auch als »Eigenwilligkeit« bezeichnet werden kann. Unser Freund braucht aber gerade diese Eigenschaft – er braucht sie sogar dringend zum Überleben. Der »Dachshund« ist ja ursprünglich ein ausgesprochener Jagdgehilfe gewesen, und zwar einer für ganz besondere Aufgaben. Zum äußerst beliebten »Familienhund« hat er sich erst allmählich entwickelt – und das nicht zuletzt wegen seiner liebenswerten Eigenschaften.
Aber zurück zum Thema »Eigenwilligkeit«. Wenn der kleine Kerl unter die Erde geschickt wird, um Dachs oder Fuchs aus dem Bau zu treiben, ist das für ihn wirklich eine Sache auf Leben und Tod. Er braucht ein mutiges Herz und einen eisernen Behauptungswillen, wenn er seine schwere Aufgabe lösen soll. Kein Mensch kann ihm da unten beistehen, er ist völlig auf sich selbst gestellt. Es gehört schon ein starker Charakter dazu,

Wer seinen Dackel nicht mit Konsequenz erzieht, muß damit rechnen, daß er immer wieder etwas anstellt.

derartige Abenteuer immer wieder auf sich zu nehmen und zu bestehen. Es ist daher auch längst nicht jeder Dackel für diese Bauarbeit geeignet.
Besonders charakterfeste Dackel versuchen natürlich auch im »zivilen Leben«, also als Familienhund, ganz selbstverständlich erst einmal an die Spitze der Meute zu gelangen. Einer »Meute«, die in diesem Fall aus den Mitgliedern seiner »Menschen-Familie« besteht. Kapitulieren »seine« Menschen dann vor seinem Durchsetzungswillen, so begründen sie das meist mit der ebenso falschen wie unausrottbaren Erklärung: »Einen Dackel kann man nicht erziehen!«

Daß dies doch möglich ist, versuche ich in dem Kapitel über Erziehung (→Seite 55) darzulegen.
Hier will ich nur erklären, daß die Eigenwilligkeit des Dackels für ihn eine Notwendigkeit ist, wenn er seinen »Beruf« erfolgreich ausüben will; und daß er trotzdem gehorchen lernt, denn ein ausgemacht ungehorsamer Dackel wäre als Jagdgehilfe unbrauchbar. Es muß uns eben nur klar sein, woher diese Veranlagung kommt, und wir müssen bereit sein, dem starken Willen des Dackels mit ebenso starkem Willen zu begegnen – geduldig und konsequent.

Kleine Dackelunarten

Ich habe einmal einen Wurf Doggen in einer sehr kleinen Wohnung aufgezogen (damals gab es keine andere Möglichkeit für mich). Es waren sechs kleine Doggen, und sie haben natürlich allerlei Unfug getrieben. Das war aber alles nichts gegen das, was drei Dackelwelpen, die ich später aufzog, anstellten, obwohl ihnen mit Haus und Garten viel mehr Platz zur Verfügung stand. Einmal beispielsweise hatten sie in kürzester Zeit den halben Fußbodenbelag in der geräumigen Küche streifenweise abgezogen. Ein anderes Mal, als ich sie für kurze Zeit – schlafend! – sich selbst überließ, hatten sie in der Eßecke die Tapete zu einem erheblichen Teil von der Wand gerupft. So etwas bekommen sicher auch andere Hundekinder fertig, aber ich habe festgestellt, daß die Dackelwelpen den Doggenwelpen im Unfugmachen haushoch überlegen waren!
Bei derartigen Überraschungen fällt es recht schwer, den Humor zu behalten. Aber letzten Endes müssen wir in einem solchen Fall die Schuld bei uns selber suchen: Wir dürfen die kleinen, verspielten Kerlchen eben nur in einer Umgebung sich selbst überlassen, die keine »Angriffsflächen« für den Tatendurst junger Dackel bietet.
Vor mehreren Jahren legte ich mir zu meiner Dogge eine Rauhhaardackelin zu; dieser Tekkelschlag interessierte mich schon lange. Die kleine Teckelin war ein Glücksgriff – und wenn ich je um einen Hund viele Tränen vergossen habe, dann um mein »Gümperle«, als ich sie im Alter von dreizehn Jahren wegen einer schweren Krebserkrankung einschläfern lassen mußte.

Zwei dicke Freunde: Gümperle und Trinchen.

Gümperle – der Name kommt aus dem Alemannischen und bedeutet »Hüpferchen« – war ein Idealhund: gutartig, freundlich auch zu anderen Tieren, gehorsam ohne jede Unterwürfigkeit und sehr wachsam. Ihr ganzes kleines Dackelherz hing an mir. Sicher liebte sie auch ihr »Herrchen«, aber mein Mann war wenig zu Hause. Wollte er dann am Wochenende mit den Hunden spazierengehen, war zwar die Dogge Trinchen gern dazu bereit – nicht aber Gümperle. Sie gab zu verstehen: »Ohne Frauchen gehe ich nicht!«, und dabei blieb es. Wenn ich verreiste, mußte mein Mann die Hunde hüten. Übrigens ging Gümperle dann sehr wohl mit spazieren: ich war ja nicht da! Doch abends, wenn die Hunde noch einmal in den Garten gehen mußten, hatte Gümperle oft keine Lust das zu tun, was sie vor dem Schlafengehen noch einmal tun sollte. Vor allem bei schlechtem Wetter sah sie diese Notwendigkeit nicht ein und versuchte, kurz kehrt zu machen, um wieder ins Haus zu gelangen. Bei mir wußte sie aber, daß ich aufpaßte, und ging mit einigen schrägen Blicken (den typischen Dackelblicken) zurück in die vorgeschriebene Gartenecke. Anders beim Herrchen – es dauerte einige Tage, bis mein Mann ihr auf die Schliche kam. Sie ging mit den anderen Hunden, der Dogge und ihrer Tochter, der Dackelin Babett, zwar nach draußen, bog aber sofort in den Schatten der großen Freivoliere ab, in der unsere Rabenkrähe Hucki lebte, und lauerte dort, bis sie merkte, daß das Herrchen nicht aufpaßte. Dann sauste sie hinter seinem Rücken ins Haus. Mein Mann wunderte sich jedesmal, daß Gümperle schon drinnen war, wenn die beiden anderen erst zurückkamen. Aber er erkannte bald ihren Trick, und nun mußte sie mit den anderen »richtig« in den Garten gehen. – Das tat sie auch, sobald sie gemerkt hatte, daß ihre List durchschaut war. Pfiffigkeit und ein erstaunlicher Einfallsreichtum im Unfugmachen gehören ganz einfach zur Persönlichkeit der Dackel; das macht sie uns so liebenswert, obgleich mancher Ärger damit verbunden sein kann.

Fast alle Dackel – vor allem natürlich die jungen – »stibitzen« gerne einen ihnen interessant erscheinenden Gegenstand. Ob es ein Schuh, ein Topflappen oder sonst etwas ist – sie tragen das »Beutestück« mit dem Ausdruck des Triumphs davon. Es fällt manchmal nicht leicht, dann noch ernst zu bleiben und mit Strenge dem kleinen Sieger das Eroberte wieder abzunehmen. Wie notwendig aber auch hier die Konsequenz der Erziehung ist, erlebte eine Bekannte, deren Teckel eine besondere Vorliebe für Papier hatte. Wo immer er ein Zettelchen erwischen konnte, schnappte er es sich und verschwand damit unter einer Polsterbank. Dort zerpflückte er die Beute, noch ehe sein Frauchen ihn hervorlocken konnte. Bis sie ihm diese Unart abgewöhnt hatte, büßte sie mehrere Briefe, ärztliche Verschreibungen und sogar einen Scheck ein.

Das Stibitzen von Lebensmitteln ist übrigens meist nur für Dackel typisch, die entweder besonders gerne naschen oder nicht richtig ernährt werden. Vorsicht ist aber immer geboten, wenn Eßbares in erreichbarer Nähe eines unbeaufsichtigten Teckels steht!

Dackel liegen gerne hoch – am liebsten auf Sesseln, Polsterbänken oder Sofas. Wenn ihnen dies verboten wird, sie aber nicht von ihrer geliebten Gewohnheit ablassen wollen, kann es zwischen ihnen und ihrem Herrn zu einem längeren Machtkampf kommen. So weiß ich von einem Dackel, der beharrlich – trotz energischer Verbote und gelegentlicher Klapse – auf seinen Lieblingssessel sprang. Sein Herr, der bislang bei allen seinen Teckeln die besten erzieherischen Erfolge gehabt hatte, entschloß sich schließlich zu einer Kompromißlösung. Er ließ vom Schreiner ein stabiles Gestell mit vier Beinen in der Höhe eines Sessels anfertigen, versah es mit einem Polster und tauschte es gegen das Hundekörbchen aus. Der Dackel betrachtete diese Neuerung zuerst aufmerksam, dann mißtrauisch mit schräg gestelltem Kopf. Schließlich sprang er auf das Gestell, drehte sich mehrmals im Kreis, um es dann befriedigt als »seinen Sessel« zu akzeptieren.

Dackel richtig erziehen

Erziehung muß sein

Die Erziehung, die Sie Ihrem Dackelwelpen und später dann dem Junghund angedeihen lassen, wird sein Verhalten weitgehend bestimmen. Nur ein gut erzogener Hund macht wirklich Freude, nur auf den folgsamen Hund können Sie sich verlassen. Ein Mangel an Erziehung bringt auch Gefahren für den Hund mit sich, besonders im Straßenverkehr; aber auch in Wald und Flur, wo ein streunender oder hetzender Hund vom Jäger erschossen werden kann. Auf die Erziehung sollte daher – besonders natürlich beim Dackel, der als eigenwillig gilt – von Anfang an großer Wert gelegt werden. So können Sie »ab sofort« versuchen, dem Welpen die Anfangsgründe des guten Hundebenehmens beizubringen. Dazu gehört viel Zeit und Geduld, denn der Welpe lernt nur aus seinen Erfahrungen – und eben diese muß er ja nun erst einmal machen! Sie können beispielsweise von dem kleinen Wesen nicht verlangen, daß es sich ohne Widerstand Halsband und Leine gefallen läßt, artig neben Ihnen herläuft und daß es sofort stubenrein ist. Bisher hat der Welpe sein Bächlein vermutlich einfach fließen lassen, wenn das nötig war, ohne sich darum zu kümmern, wo es passierte. Plötzlich wird er dann mit einem Aufschrei des Entsetzens hochgerissen, vielleicht kommt ein unerfahrener Neu-Hundehalter sogar auf den fatalen Gedanken, den Kleinen mit der Nase in die Pfütze zu stoßen – ein großer Schock für das arme Wesen, das überhaupt nicht verstehen kann, was da mit ihm geschieht. Derartige »Erziehungsversuche« sind Tierquälerei. Dies ist nur ein Beispiel für falsch angepackte Erziehung.

Erwarten Sie von Ihrem Dackelwelpen nicht, daß er bereits vom ersten Tag an freiwillig an der Leine läuft.

Erste Erziehungsstufe

Grundsätzliche Regeln

Befassen wir uns zum besseren Verständnis mit einigen grundsätzlichen Regeln der Tiererziehung, hier also des Hundes. Ich möchte das Erziehungsprogramm in zwei Stufen einteilen. In der ersten Stufe muß dem Welpen mit sehr viel Einfühlungsvermögen und Geduld begreiflich gemacht werden, was von ihm in seinem neuen »Meuteverband«, der menschlichen Familie, erwartet wird, was erwünscht und was unerwünscht ist. Das bedeutet, er muß die notwendigen Erfahrungen sammeln, die natürlich nicht nur angenehmer Natur sein können. Versuchen Sie sich einmal in die Lage Ihres jungen Hundes zu versetzen; stellen Sie sich vor, welche Fülle neuer und zum größten Teil für ihn unverständlicher Eindrücke auf ihn einstürmt, was er alles in möglichst kurzer Zeit verkraften und begreifen soll. Ein Welpe, der schon frühzeitig bei seinem Züchter Familienanschluß hat, ist seinem im Zwinger aufgewachsenen Artgenossen selbstverständlich darin weit voraus, denn ihm wurden die allerersten Anfangsgründe des guten Hundebenehmens schon beigebracht. Aber auch er ist noch im »Vorschulalter«. Außerdem sprechen Sie vermutlich für den kleinen Hund eine »Fremdsprache«, weil Sie andere Worte im Umgang mit ihm verwenden, als sie beim Züchter üblich waren.

Auf den Ton kommt es an: Dackel sind sehr eigenwillig und schnell gekränkt, wenn sie sich ungerecht behandelt fühlen.

Erwarten Sie von einem Kleinkind, das gerade anfängt zu sprechen, daß es alles versteht, was Sie zu ihm sagen, und daß es jedes Wort perfekt nachspricht? Sicher nicht. Erwarten Sie also bitte nicht von Ihrem jungen Hund, daß er auf Anhieb weiß, was er tun oder lassen soll!

Gleiches Wort für den gleichen Vorgang

Erleichtern Sie dem Welpen das Lernen auf folgende Weise: Verwenden Sie von Anfang an für jeden Vorgang ein ganz bestimmtes Wort. Nur dann kann der junge Hund begreifen, was der menschliche Laut bedeutet. Es ist ja für ihn nicht gleich ein Begriff, es ist ein Laut ohne Sinn, denn für ihn kann naturgemäß nur seine eigene Sprache – das Bellen, Jaulen, Winseln, Knurren – einen Sinn haben.

Soll er nun beispielsweise in seinen Korb gehen, müssen Sie jedesmal das Wort »Platz« sagen. Wiederholen Sie das wirklich immer wieder, dann wird er bald den Laut »Platz« mit seinem Korb in Verbindung bringen. Und während Sie ihn am Anfang noch hinführen mußten, kommt irgendwann der Augenblick, wo er auf das Wort »Platz« von allein ins Körbchen geht. Wie lange so etwas dauert, hängt von der Intelligenz des Hundes ab und von Ihrer Konsequenz!

Die erste wichtige Regel für diese Erziehungsstufe lautet:

Immer das gleiche Wort für den gleichen Vorgang verwenden. Wobei es völlig einerlei ist, welches Wort Sie gebrauchen, es muß nur immer das gleiche sein.

Lob und Tadel folgen der Tat

Nun müssen Sie dem Hund ja nicht allein Dinge beibringen, die er gerne tut, sondern Sie müssen ihm auch alles Mögliche verbieten. Woher aber soll er wissen, daß es unerwünscht ist, wenn er Möbel annagt oder Kabel durchbeißt? Daß Teppiche nicht zum Zerreißen da sind, und er seine Zähnchen nur an ganz bestimmten Dingen ausprobieren darf? Sie müssen ihm diese unerwünschten Tätigkeiten also verleiden, damit sie ihm keinen Spaß mehr machen. »Bestrafen« ist ein ungeeignetes Wort dafür, denn Strafe setzt doch immer voraus, daß der Sünder sich einer sträflichen Tat bewußt ist. Trotzdem muß der junge Hund begreifen lernen: wenn ich den Teppich – oder was auch immer – anknabbere, mache ich eine unangenehme Erfahrung – also lasse ich das besser! Die »unangenehme« Erfahrung muß natürlich von Ihnen ausgehen – und sie muß in ganz direktem Zusammenhang mit der Tat (oder Untat aus unserer Sicht) stehen. Dann, und nur dann begreift der Hund, daß das Teppichknabbern unerwünscht ist, und wird es – hoffentlich bald – unterlassen.

Wenn er während Ihrer Abwesenheit eine Unart begangen hat, nützen weder »Entsetzensschreie« noch Schelte für den Sünder; er versteht überhaupt nicht, warum er plötzlich angebrüllt wird! Daß Sie böse sind, merkt er an Ihrem Tonfall, aber daß sich Ihr lautstarker Ärger auf eine Tätigkeit bezieht, die er längst vergessen hat – das *kann* er nicht begreifen. Er bezieht Ihren Zorn auf sein momentanes Tun; vielleicht hat er gerade mit seinem Ball gespielt und ist nun ganz verwirrt, weil sein Herrchen ihn deswegen wütend »anbellt«. – Er hat doch bisher immer mit dem Ball spielen dürfen; er wurde sogar noch dazu angespornt! Das soll ein kleiner Hund verstehen! Auf jeden Fall schleicht er sich bedrückt davon – und schon ist der in der Hundepsyche unerfahrene Mensch der Meinung: Aha, er hat ein ganz schlechtes Gewissen! Vielleicht schicken Sie ihm noch ein grollendes »du bist ein ganz schlechter Hund« hinterher. Der Kleine verdrückte sich aber nur, weil sein Instinkt ihm sagt, daß man wütenden Meuteführern besser aus dem Weg geht.

Prägen Sie sich ganz fest ein: Lob oder Tadel müssen stets unmittelbar auf den Vorgang folgen, den Sie fördern oder verhindern wollen. Das Begriffsvermögen vor allem des jungen Hundes kann nur Dinge miteinander verknüpfen, die in unmittelbarem Zusammenhang miteinander stehen. Das stellt uns manchmal vor die harte Aufgabe, uns sehr zusammennehmen zu müssen; wir können uns nicht durch einen verspäteten Tadel Luft machen – und das ist wirklich manchmal nicht ganz leicht. Doch durch Unbeherrschtheit kann besonders bei sensiblen Hunden viel verdorben werden.

Die zweite wichtige Regel der ersten Erziehungsstufe heißt:

Lob und Tadel dürfen stets nur in unmittelbarem Zusammenhang mit dem Tun des Hundes geäußert werden, sonst kann er die Vorgänge nicht miteinander verknüpfen.

Der richtige Tonfall

Eine wichtige Rolle spielt der Tonfall. Das Wort an sich sagt dem jungen Hund anfangs ja gar nichts. Aber auf den Ton, in dem es gesagt wird, reagiert er instinktiv. Sprechen Sie freundlich, zärtlich, halblaut mit ihm, dann fühlt er sich im wahrsten Sinn »angesprochen«. Sagen Sie ihm die gleichen Worte in hartem, knappem Ton, vielleicht auch noch etwas lauter als normal, dann bekommt er einen Schreck. Meine Hunde lernen beispielsweise von kleinauf, daß ein kurzes, hartes *nein* ein unter allen Umständen zu respektierendes Verbot ist. Sie wissen, habe ich nein gesagt, bleibt es dabei. Würde ich dieses knappe Nein

zwischendurch auch einmal freundlich und liebevoll aussprechen, verlöre es jede Wirksamkeit. Die Hunde würden sofort glauben, daß dieses sanfte *Nein* keine Bedeutung hat.
Die dritte Regel dieser Erziehungsstufe heißt daher:
Gelobt wird mit sanfter Stimme – getadelt in strengem Ton!

Im Spiel mit seinen Geschwistern lernt der Dackelwelpe Hundeverhalten.

Erziehung durch Spiel

Im Kapitel »Beim Welpen beginnt die Erziehung« (→Seite 34), sprach ich bereits davon, daß Tiereltern ihren Kindern »spielend« das richtige Verhalten beibringen.
Auch unser Hundekind kann vieles im Spiel erlernen. Es ist eine sehr schonende Methode, um den Welpen an manche anfangs nicht ganz angenehmen Übungen heranzuführen. Das gilt vor allem für die Leinenführigkeit (→Seite 62) und die Kommandos »Aus« (→Seite 65), »Sitz« und »Komm«. Aber auch das Bringen erlernt er schnell, wenn Sie ihm bei seinem Spiel mit einem Ball oder Lederknochen im richtigen Moment das entsprechende Kommando zurufen und ihn darüber hinaus auch noch loben. Sie werden bald bemerken, daß es dem kleinen Hund Freude macht, auf diese Weise zu lernen, und daß sein Eifer groß ist!
So heißt die letzte Regel der ersten Erziehungsstufe:
Dem jungen Hund soll so viel wie nur irgend möglich im Spiel beigebracht werden. Erfreuliche Erfahrungen fördern seine Bereitschaft zum Gehorsam.

Wie tadeln Sie Ihren Dackel?

Während der ersten Erziehungsstufe sollten Sie überhaupt nicht von tadeln sprechen, prägen Sie sich besser den Begriff »verleiden« ein. Das mag mancher für Haarspalterei halten, denn ob man den Klaps, den der junge Hund vielleicht bekommt, nun tadeln oder verleiden nennt, ist dem Hund ja wohl völlig einerlei: er »kassiert« ihn so oder so. Das ist wahr – es ist auch mehr als »psychologische Stütze« für den Menschen gedacht: er soll sich nicht als Strafender fühlen, sondern als guter Erzieher, der seinem Zögling durch einen kleinen Schreck das eine oder andere Tun als nicht angenehm kenntlich machen muß. Wie »verleidet« man? Womit »erschreckt« man den vierbeinigen Zögling?
Ich bin mit Hunden aufgewachsen, ihre Gesellschaft ist mir seit frühester Kindheit ebenso selbstverständlich wie die Luft zum Atmen. Ich kann mich nicht darauf besinnen, daß es in meinem Elternhaus jemals ungehorsame Hunde gegeben hat. Als junge Ehefrau kam ich dann zu meinem ersten eigenen Hund und erzog ihn so, wie ich es erlebt hatte. Inzwischen las ich viele Bücher, die sich mit

der richtigen Erziehung von Hunden befaßten. Daraus ging hervor, daß meine bis dahin geübte Erziehungsmethode offenbar nicht richtig war. Wenn ein junger Hund tat, was er nicht tun sollte, erhielt er von mir sofort einen Klaps auf sein Hinterteil, begleitet von einem lautstarken »Pfui«. Er bekam einen Schreck – und unterließ meist sehr schnell, was er nicht tun sollte. Das hatte immer den gewünschten Erfolg. Nun aber las ich, daß man seinen Hund nicht mit der Hand schlagen dürfe, denn davon würde er handscheu. Man solle schnell eine Zeitung zusammenfalten und ihm damit einen Klaps geben. Das leuchtete mir ein, obgleich ich bei den nach meiner Methode erzogenen Hunden nichts von etwaiger »Handscheue« bemerkt habe.
Als nun wieder ein Welpe ins Haus kam, verzichtete ich auf die »Schnelljustiz« mit der Hand, suchte, wenn der Kleine etwas angestellt hatte, schnell nach einer Zeitung und klapste ihm damit auf den Po. Er sah mich verwirrt an und ließ von dem, was er gerade tat, schnell ab. Nur fiel mir auf, daß es ja eigentlich gar nicht mehr das war, was er lassen sollte.
Dann gab es noch eine Überraschung: Als mein Mann eines Tages mit dem Welpen gespielt hatte und dann nach der Zeitung griff, weil er lesen wollte, sauste der Kleine auf seinen Platz. Er hatte Angst vor Zeitungen bekommen – ich mußte feststellen, daß diese Methode zu erzieherischen Mißverständnissen zwischen dem jungen Hund und mir führte. Irgend etwas konnte also nicht stimmen, wie mich die Praxis lehrte. Es war einmal der zeitliche Ablauf der Dinge: Bis ich die Zeitung geholt hatte, beschäftigte sich der Hund längst mit etwas anderem als dem, wovon ich ihn abbringen wollte. Außerdem schien mir, daß die Zeitung für den Welpen zu »fremd« war, während der Klaps mit der Hand – und der zum richtigen Zeitpunkt – von ihm akzeptiert und verstanden wurde. Die Auffassung, daß ein normaler Hund den Klaps mit der Hand ohne weiteres als Erziehungsmaßnahme annimmt, vertritt übrigens auch der bekannte Kynologe Dr. Hans Räber.
Ich kehrte also zu meiner bewährten Methode zurück, bin bis heute bei ihr geblieben – und habe noch nie einen schlecht erzogenen oder handscheuen Hund gehabt.
Neuerdings wird noch eine andere erzieherische Maßnahme empfohlen: Der junge Hund soll am Nackenfell gepackt und dann durchgeschüttelt werden. Das sei »hundegemäß«, denn so handhabe es auch die Hundemutter.
Ich kann dem nicht zustimmen. Noch nie habe ich beobachtet, daß eine Hündin eines ihrer Jungen auf diese Weise züchtigt. Ärgert sie

Die Bestrafung muß sofort auf die »Untat« folgen, sonst versteht der kleine Dackel den Zusammenhang nicht.

sich über einen Welpen, so knurrt sie ihn an oder schnappt nach ihm. Aber am Nackenfell packen und durchschütteln? Das tut vielleicht ein in einen Kampf verwickelter Hund mit einem schwächeren Rivalen; da geht es dann aber nicht um die Erziehung eines jungen Tunichtguts, sondern um das Bezwingen eines mißliebigen Gegners.
Mir gefällt dieser Rat auch aus einem anderen Grund nicht. Das Fell ist nicht zum Hochheben des Hundes gedacht. Es ist nicht gut, wenn ein Hund am Nackenfell hochgezerrt wird – auch wenn manche es sich ohne Schmerzensäußerung gefallen lassen. Wer nun diesen groben Griff immer wieder anwendet, um dem jungen Hund etwas zu verleiden, fügt ihm unter Umständen viel zu heftige und zu lang andauernde Schmerzen zu. Ein kurzer, rascher Klaps, der mehr erschreckt als schmerzt, genügt vollkommen. Ich bin sogar der Ansicht, daß das Schütteln bei dem Hund nur Widerstand hervorruft, eben weil es dem Kampf ähnlich ist, während der schnelle Klaps viel mehr dem mütterlichen Warnbiß gleicht.
Leider ist es nicht immer möglich, den Klaps unmittelbar der Unart des Welpen folgen zu lassen. Wenn er beispielsweise eben noch an seinem Spielzeug gekaut hat – wir aber aus einiger Entfernung plötzlich bemerken, daß er statt des Kauknochens ein Stuhlbein beknabberte, ist ein Klaps kaum im richtigen Moment anzubringen: bis wir bei ihm sind, hat er unser Näherkommen bereits freudig wahrgenommen und hört zu knabbern auf. Dann bleibt also nur ein lautes, kräftiges »Pfui!«, zusätzlich können Sie in die Hände klatschen. Bekommt er einen Schreck und vergißt darüber das Stuhlbein, so ist es gut. Wichtig ist vor allem, daß er von seinem Tun abgelenkt wird. Am wirkungsvollsten ist es natürlich, wenn Sie ihm den Klaps blitzschnell verabreichen können, gleichzeitig müssen Sie das Wort »Pfui« rufen – kurz, laut und kräftig. Der Klaps braucht nicht stark zu sein. So halten Sie es dann bei allen Dingen, die der Kleine unterlassen soll. Wenn er von seinem Tun abgelassen hat, muß sofort das Lob folgen! Und nochmals: Vergessen Sie beim »Verleiden« niemals das strafende »Pfui«. Ein intelligenter Hund wird nämlich bald schon allein auf dieses Wort hin in der gewünschten Weise reagieren.

Stubenreinheit

Die drei wichtigsten Dinge, die ein junger Hund möglichst schnell lernen sollte, sind: Stubenreinheit – das Verbleiben auf dem für ihn vorgesehenen Platz – das Laufen an der Leine.
Wenn der kleine Dackelwelpe bei Ihnen Einzug hält, ist es zunächst schwierig mit der Sauberkeit. Und es ist um so schwieriger, je höher Sie in einem Etagenhaus wohnen. Wer nur eine Tür zum Garten aufzumachen braucht, ist gut dran und kann dieses Problem schnell lösen. Schnell müssen Sie nämlich sein, um zu verhindern, daß der Hund sein Bächlein schon in der Wohnung macht! Es hat wenig Sinn, den Hund, wenn er gerade einen See im Zimmer gemacht hat, noch nach draußen zu schaffen: er hat sich ja bereits entleert. Es kommt darauf an, sich den Kleinen *vorher* zu schnappen und an den richtigen Platz zu bringen. Dazu gehört natürlich, daß Sie ihn genau beobachten und schon an seinem Verhalten merken, ob er hinausgebracht werden muß. Grundsätzlich soll der Hund, vor allem der Welpe und der Junghund, morgens sofort nach dem Aufwachen – ich möchte etwas

überspitzt sagen: zugleich mit seinem Erwachen – an die frische Luft geführt werden, denn dann »muß« er ganz sicherlich. Er »muß« auch mit größter Wahrscheinlichkeit nach jedem Schläfchen, das er hält. Junge

Bringen Sie den kleinen Dackel anfangs möglichst oft vor die Haustür, dann kann so etwas nicht mehr passieren.

Hunde halten aber viele Schläfchen im Laufe des Tages, das heißt, daß Sie die Geduld aufbringen müssen, den Kleinen immer wieder hinauszuführen. Daß Sie ihn »lüften«, nachdem er sein Futter verspeist hat, ist selbstverständlich. Am schwierigsten ist es, bei einem spielenden Hund (wohlbemerkt, wir sprechen immer noch vom *jungen* Hund) abzupassen, wann der Moment kommt, daß er hinaus muß. Wenn er plötzlich sein Spiel unterbricht und mit gesenktem Kopf schnüffelnd herumläuft, dann ist allergrößte Eile geboten. Dieses Anzeichen fehlt natürlich manchmal, denn wie ein in sein Spiel vertieftes Kleinkind, so kann auch der kleine Hund ganz plötzlich »auslaufen«. Je konsequenter Sie sind, je besser Sie aufpassen, desto schneller wird der Kleine von allein nach draußen streben; die Gewohnheit wird so stark, daß er seinen Lösungsplatz aus eigenem Antrieb aufsuchen will.

Weniger schwierig ist es mit dem Kotabsatz. Der erfolgt höchstens zwei- bis dreimal am Tag und zwar zu ziemlich festen Zeiten. Haben Sie dies einmal herausgefunden, so führen Sie ihn zu diesen Zeiten so lange aus, bis er sich erleichtert hat.

Je mehr Zeit Sie Ihrem Hund widmen können, um so leichter machen Sie es ihm, stubenrein zu werden. Da ist aber nun der Etagenhund. Wie können Sie mit ihm immer schnell genug ins Freie kommen? Das ist in Hochhäusern fast unmöglich. Vielleicht glückt es am Morgen, wenn Sie früh genug auf den Beinen sind, sich den Kleinen sofort unter den Arm zu klemmen und auf die Straße zu tragen. Selbst laufen darf er dann aber nicht, denn er würde sich sofort irgendwo hinhokken, um die von der Nachtruhe vollgefüllte Blase zu entleeren; er muß von seinem Platz bis zur Straße getragen werden!

Aber was macht man dann mit ihm im Laufe des Tages? Es bleibt wohl nichts anderes übrig, als ihm eine Art Toilettenwinkel in der Wohnung einzurichten. Das hat erhebliche Nachteile, die ich noch aufzählen werde. Es ist aber unter Umständen der einzige Ausweg. Eine dicke Lage Zeitungspapier in einer flachen Plastikschüssel kann dazu dienen. Sie tragen den Kleinen dorthin, wenn es notwendig ist, halten ihn unter Zureden fest und

Dackel und Katzen spielen zwar nicht miteinander, ▷
vertragen sich aber.

warten, bis er sich gelöst hat. Danach müssen Sie ihn sehr loben. Der junge Hund wird mit der Zeit schon begreifen, was er dort soll, und den Platz dann von allein aufsuchen. Selbstverständlich muß dieser Platz jederzeit zugänglich sein, Ihr Welpe darf nicht vor einer verschlossenen Tür stehen! Das Zeitungspapier muß natürlich jedes Mal ausgewechselt werden. Leider hat diese Lösung, die sehr praktisch erscheinen mag, einen großen Nachteil: Gewohnheiten, die ein Hund einmal angenommen hat, sind nur schwer zu ändern. Der junge Hund, der an eine Zeitungspapier-Toilette in der Wohnung gewöhnt wurde, will sich nur an diesem Platz zu Hause lösen.
– Was machen Sie aber, wenn Sie den ganzen Tag mit ihm unterwegs sind oder verreisen müssen? Sie sollten zumindest versuchen, den jungen Hund sofort an beides zu gewöhnen, an seine Zeitungspapier-Toilette – und daran,

Der junge Dackel darf Halsband und Leine nicht als Zwang empfinden – Sie können ihn »spielend« daran gewöhnen.

daß er sich am Morgen und auch im Laufe des Tages auf der Straße an immer demselben Platz löst.

Verbleiben auf dem Platz

Ist der Platz für den Hund gut gewählt (→Seite 21), dann wird er ihn gern aufsuchen, sobald er begriffen hat, daß das *sein* Platz ist. Das zeigen Sie ihm so: Wenn er die erste Inspektion der neuen Umwelt hinter sich hat und Anzeichen von Müdigkeit erkennen läßt, bringen Sie ihn zu seinem Korb, halten ihn, wenn nötig, ein bißchen fest mit schmeichelndem Zureden und fügen energisch immer wieder das Wort »Platz« ein. Bleibt er liegen, gehen Sie weg. Steht er dann auf und verläßt den Korb, bringen Sie ihn sofort wieder dorthin, immer unter Wiederholung des Wortes »Platz«. Sie müssen aber dabei durchaus nett zu ihm sein, sonst bekommt der Kleine Angst! Bestehen Sie konsequent darauf, daß er sein Schläfchen im Korb abhält. Schon hier kommt es auf Ihre Geduld und Zähigkeit an. Da ein Hund im allgemeinen gern einen geschützten Winkel zum Schlafen aufsucht, gelingt die Gewöhnung an einen festen Platz ziemlich rasch.

Leinenführigkeit

Leinenführigkeit ist etwas, was der Großstadthund sofort lernen muß. Hat er noch nie ein Halsband umgehabt, noch nie den Zwang gespürt, den die Leine durch das Stoppen seines Bewegungsdranges ausübt, dann wird er sich nur widerwillig fügen. Lassen Sie es nicht dazu kommen, daß er sich verzweifelt gegen die Leine wehrt! Der Hund bekommt

◁ Drei preisgekrönte »Tigerdackel« aus der Zucht von Frau Hildegard Krieger, Bad Aibling.

dabei Todesängste, er fürchtet den würgenden Druck am Hals, wehrt sich und vermehrt dadurch den Druck und die Angst.
Hat Ihr Welpe noch nie die Bekanntschaft mit Halsband und Leine gemacht, dann tragen Sie ihn erst einmal auf die Straße und setzen ihn dort ab; folgen nun *Sie* ihm – nicht umgekehrt! Vermeiden Sie jeden Zug an der Leine, falls es doch dazu kommt und Ihr Dackel anfängt sich zu wehren, geben Sie nach, lassen Sie die Leine locker (aber keinesfalls los!) und reden Sie beruhigend auf ihn ein. Locken Sie ihn hinter sich her; das gelingt meistens recht gut, denn sehr junge Hunde, die gerade erst von der Mutter getrennt worden sind, brauchen Kontakt. Sie suchen den Menschen und drängen sich an ihn. Damit der Kleine aber nun möglichst schnell lernt, daß Halsband und Leine keine Marterwerkzeuge sind, spielen Sie zu Hause mit ihm: er bekommt das Halsband um, Sie leinen ihn an, und dann locken Sie ihn zu sich heran, lassen ihn auch ruhig einmal in die Leine beißen und daran zerren (das können Sie ihm später wieder abgewöhnen). Der Hund muß das Gefühl haben, daß die Leine eine Verbindung zu seinem Herrn ist und kein böser Zwang.
Sowie er zu Ihnen kommt, loben und streicheln Sie ihn; so macht er die Erfahrung: »Zu Frauchen (oder Herrchen) kommen, ist gut!« Dies ist eine der wichtigsten Erfahrungen, die der junge Teckel machen kann! Will er überhaupt nichts von einem Zwang durch die Leine wissen und sträubt er sich trotz guten Zuredens heftig, müssen Sie ihn vorsichtig zu sich heranziehen, immer unter beruhigenden Reden wie »so ist brav« und ihm, wenn er bis zu Ihnen gekommen ist, ein kleines Belohnungshäppchen geben. Auf diese Weise gewöhnt sich bald jeder junge Hund an Halsband und Leine.

Zwei kleine Hinweise für ein problemloses Gassigehen möchte ich Ihnen noch geben: Lassen Sie den jungen Hund niemals von der Leine, wenn Sie ihn an verkehrsreichen Straßen ausführen müssen, was ja wohl meistens der Fall sein wird. Sorgen Sie auch dafür, daß er sich am Straßenrand – wenn vorhanden – unter Büschen und Bäumen löst. Wenn Sie es dulden, daß er sich mitten auf den Bürgersteig setzt, wird das für ihn zu einer Selbstverständlichkeit – und es verärgert die anderen Straßenpassanten. Da so etwas trotz aller Vorsicht bei einem jungen Hund doch einmal vorkommen kann, sollten Sie immer etwas Zellstoff in der Tasche haben, um das Häufchen gleich beseitigen zu können.

Das Kommando »Aus«

Jeder Hund – also auch jeder Dackel – muß lernen, daß man ihm alles wegnehmen kann: das Futter samt Schüssel, das Spielzeug oder was immer er im Schnäuzchen hat. »Aus« heißt bei mir das entsprechende Wort dafür; es muß laut und eindringlich gesprochen werden. Dabei kann es durchaus passieren, daß der junge Hund völlig anderer Meinung ist und sein Futter, sein Spielzeug oder eine »Beute« knurrend verteidigt. Aus der Sicht des Dackels eine ganz logische Reaktion. Schon als Welpe mußte er sich ja seinen Geschwistern gegenüber durchsetzen, sonst wäre ihm schnell die Rolle des »Underdog« zugefallen, also jenes Meutemitglieds, das von allen anderen an die Wand gedrückt wird. Es wirkt nun oft recht komisch, wenn so ein »Hundekrümel« sich gegen einen Menschen zur Wehr setzt, und es sind auch meist Hunde mit Charakter, die das versuchen. Trotzdem sollten Sie es nicht auf sich beruhen lassen.

Dackel richtig erziehen

Der Dackel merkt sofort, wenn er die Oberhand behält. Er wird sich nie mehr etwas wegnehmen lassen. Je älter er wird, um so unausstehlicher kann er werden oder sogar zu einer wirklichen Gefahr. Es hilft nichts, er muß sofort lernen: Hier ist jemand stärker als ich, es ist besser, ich gebe ihm, was er haben will! Wenn Sie ihm die Futterschüssel vor der Nase wegnehmen und er Sie anknurrt, geben Sie ihm durch ein kräftiges »Pfui« einen Verweis. Schnappt er dann vielleicht sogar knurrend zu, bekommt er einen spürbaren Klaps (am wirkungsvollsten ist das seitlich gegen die Schnauze), wird er dann noch wütender, was durchaus im Bereich des Möglichen liegt, packen Sie ihn mit festem Griff am Nacken und schelten ihn mit lauter Stimme. Fügt er sich, wird er sofort mit freundlichen Worten gelobt und bekommt sein Futter wieder.
Üben Sie das täglich! Es ist fast unmöglich, so etwas einem ausgewachsenen Hund später noch beizubringen, ohne daß er sich dann ernsthaft mit Bissen wehrt. Üben Sie auch, ihm sein Spielzeug wegzunehmen. Will er es nicht gleich hergeben, fassen Sie ihn von oben über sein Schnäuzchen und drücken leicht die Kiefer auseinander. Dabei sagen Sie mahnend, aber durchaus freundlich »Aus«. Sowie Sie das Spielzeug in der Hand haben, bekommt er es zurück und wird gelobt. Fast jeder junge Dackel findet bald Gefallen an diesem »Spiel« und gibt auf das Kommando »Aus« das heraus, was er in der Schnauze hat. Mit der Zeit muß das sogar auf Entfernung hin klappen, aber das kann es nur, wenn es dem jungen Hund zu einer absoluten Selbstverständlichkeit geworden ist.

Beim Kommando »aus« weiß der Dackel, daß er den Gegenstand sofort fallenzulassen hat.

Ich will Ihnen nun auch noch einen sehr wesentlichen Grund für die Notwendigkeit dieser Erziehung nennen: Jeder Hund sammelt in der Natur (oder auch auf den Straßen einer Stadt) einmal etwas auf, was er besser nicht verschlucken sollte. Ist ihm die richtige Reaktion auf Ihren Befehl »Aus« wirklich in Fleisch und Blut übergegangen, dann gehorcht er auch, wenn er in einiger Entfernung von Ihnen ist, und läßt den Gegenstand sofort fallen. Manche Dackel lernen das sehr schnell, andere sehen nicht so bald ein, warum sie tun sollen, was von ihnen verlangt wird. Aber mit der Zeit begreifen sie es schon, Sie müssen nur ganz konsequent bei Ihrer Forderung »Aus« bleiben.
Es könnte nun jemand auf den Gedanken kommen, daß ein Teckel seine Persönlichkeit verliert, wenn er sich derart unterordnen muß. Aber das ist nicht der Fall: auch wenn er lernt, sich dem stärkeren Willen zu fügen, bleibt er der Dackel, der er ist. Für ihn ist das Gehorchen oder Sich-Fügen ebenso selbstverständlich wie der Versuch, selbst »Ober-

hund« zu werden. Es gibt leider unglückliche Hunde, denen Menschen tatsächlich den Charakter ausgeprügelt haben, die nur noch aus Angst bestehen und auf dem Bauch angekrochen kommen, wenn sie gerufen werden. Das sind im wahrsten Sinn des Wortes »arme Hunde«; den Menschen, die ihre Machtgelüste mangels anderer Möglichkeiten an ihrem Hund auslassen, müßte das Halten von Hunden verboten werden.

Zweite Erziehungsstufe

Erziehung zum Gehorsam

Was wir wünschen und durch die Erziehung anstreben, ist der gehorsame »Kumpel«, der vierbeinige Freund. Er soll ein fröhlicher Kerl bleiben – aber gehorchen muß er schon lernen!
Hat der junge Teckel diese ersten Regeln der Hundeerziehung begriffen, hat er genug Erfahrungen gesammelt, um auf das entsprechende Wort richtig zu reagieren, dann ist die erste Phase seiner Erziehung beendet; er hat die »Grundschule« mit Erfolg absolviert. Die Anforderungen an ihn können jetzt größer werden. Er muß sich selbst melden, wenn er nach draußen will; er muß artig an der Leine laufen, muß auf den entsprechenden Befehl brav auf seinen Platz gehen und dort bleiben. Er muß sofort und ohne Widerstand hergeben, was Sie von ihm haben oder ihm wegnehmen wollen. Klappt es jetzt nicht, wird er hart angefahren: er weiß ja, worum es geht! Immer noch und für das ganze Dackelleben aber müssen Tätigkeit und Tadel in unmittelbarem Zusammenhang stehen!
In der zweiten Erziehungsstufe muß er nun alles lernen, was Sie ihm gern beibringen möchten. Er soll ohne Leine – im geeigneten Gelände! – frei laufen können und auf unseren Ruf oder Pfiff schnell und freudig herankommen. Auch das klappt nicht gleich, vor allem nicht, wenn der Hund mit etwa sechs bis sieben Monaten ins »Flegelalter« kommt.
Ich habe meine Teckel von dem Augenblick an, wo sie ohne Leine laufen durften, bei jedem Ruf zum Kommen mit einem kleinen Happen belohnt und sie überschwenglich gelobt. Sobald sie merkten, daß das Herankommen stets mit etwas Gutem verbunden war, kamen sie sofort freudig »angeflitzt«. Dabei ist es dann auch geblieben, als das Häppchen allmählich immer kleiner, schließlich weggelassen und nur noch ein liebevolles Lob erteilt wurde. Aber bis es soweit ist, kann ein junger Dackel Sie schon einmal zur Weißglut bringen, weil er auf kein Rufen und kein Pfeifen hört. Kommt er dann endlich doch, müssen Sie sehr viel Selbstbeherrschung aufbringen, um den Burschen dann auch noch zu loben. Wenn Sie jetzt Ihrem Groll freien Lauf lassen und den Ungehorsamen ausschelten oder gar mit der Leine schlagen, ist er das nächste Mal bestimmt noch ungehorsamer, denn in seinem Kopf »übersetzt« er die gemachte Erfahrung: »Als ich hingegangen bin, habe ich Haue bekommen. Also lasse ich mir lieber *noch* mehr Zeit oder gehe am besten gar nicht hin, denn ich merke ja, wie wütend mein Oberhund ist.«
Auch dieses Zögern, das Stehenbleiben in einiger Entfernung wird vom Menschen oft als »schlechtes Gewissen« ausgelegt, es ist aber Angst, hervorgerufen durch die schlechten Erfahrungen, die der Hund gemacht hat.

Konsequenz und Ordnung

Noch ein dringender Rat: Achten Sie von Anfang an darauf, daß Ihr Teckel nicht »zieht«. Sobald er einigermaßen leinenführig geworden ist, müssen Sie unterbinden, daß er *Sie* an der Leine führt, also hinter sich herzerrt. Solche Versuche verleiden Sie ihm durch einen kräftigen Ruck an der Leine, zugleich mit einem kurzen Ruf wie »Zurück«! Ruck und scharfer Ruf erschrecken den

Sollten Ihre Erziehungsmaßnahmen nicht in allen Fällen erfolgreich gewesen sein, dann suchen Sie den Fehler bei sich und nicht bei Ihrem Dackel.

Hund, er prallt zurück und wird dann natürlich sofort gelobt. Sie müssen aber wirklich jeden Versuch des Zerrens unterbinden! Machen Sie sich immer wieder klar: Sie können Ihrem Dackel nicht einmal etwas verbieten und ihm das gleiche ein anderes Mal durchgehen lassen. Das ist keine Erziehung, das ist Verunsicherung! Sie brauchen nun einmal sehr viel Konsequenz, das bedeutet Geduld und Zeit, um aus einem unerfahrenen jungen Hund einen angenehmen Hausgenossen und Begleiter zu machen. Weil nur der gut erzogene Hund ein reibungsloses, ein erfreuliches Zusammenleben zwischen Mensch und Hund garantiert, habe ich dem besonders wichtigen Kapitel »Erziehung« so viel Raum gegeben.

Wer erzieht wen?

Zum Schluß aber noch etwas zum Schmunzeln. Es war immer nur die Rede davon, wie wir unsere Dackel mit viel Vernunft und möglichst hundegerecht erziehen können. Schon oft habe ich mich aber mit stillem Vergnügen gefragt, in welchem Maß *ich* eigentlich von meinen Dackeln erzogen worden bin und noch werde!
Beobachten Sie einmal, wie das Zusammenleben mit Ihrem Teckel Sie so ganz allmählich verändert. Wie Sie, falls Sie den Begriff »Ordnung« bis dahin etwas großzügig aufgefaßt haben, durch den jungen Hund zu peinlicher Ordnung erzogen werden – weil er vielleicht herumstehende Schuhe oder was er sonst noch findet zernagt. Oder wie pünktlich Sie auf einmal geworden sind, weil der Kleine zu ganz bestimmten Zeiten Gassi geführt werden muß. Unser »gut erzogener, gehorsamer« Dackel hat uns unmerklich ebenso gründlich erzogen wie wir ihn!

Adressen und Bücher, die weiterhelfen

Hundeverbände – Hundevereine

Fédération Cynologique Internationale (FCI), 12, rue Léopold II., 14 B-6530 Thuin/Belgien

Union Canine Internationale (UCI), Avenue Fosny 120, B-1060 Brüssel 3/Belgien

Deutscher Teckelklub e. V., Prinzenstraße 38, 4100 Duisburg

Verband für das Deutsche Hundewesen VDH, Postfach 1390, 4600 Dortmund 1

Österreichischer Dachshunde-Klub, Auhofstraße 79/5/1/4, A-1130 Wien

Schweizerischer Dachshunde-Club, Kirchstraße 12, CH-8344 Bäretswil

Fragen zur Hundehaltung beantwortet auch:

Interessengemeinschaft Deutscher Hundehalter e. V., Auguststraße 5, D-2000 Hamburg 76

Schweizer Tierarzt der Operationen bei Dackellähme durchführt:
Dr. med. vet. J. Komàromy, Brunnwiesenstraße 78, CH-8049 Zürich

Bücher, die weiterhelfen

Peter Brehm, *Dein Hund im Recht*, Verlagsgesellschaft Rudolf Müller, Köln
Leni Fiedelmeier, *Der Familienhund*, Philler Verlag, Lehrmeister-Bücherei Nr. 515
Leni Fiedelmeier, *Stadthunde – Probleme und ihre Lösung*, Philler Verlag, Lehrmeister-Bücherei Nr. 530
Ulrich Klever, *Knaurs Großes Hundebuch*, Droemer Knaur Verlag, München
Konrad Lorenz, *So kam der Mensch auf den Hund*, dtv, München
Erich Schneider-Leyer, *Mein Freund, der Dachshund*, Ulmer Verlag, Stuttgart
Edward C. Straiton, *Hundekrankheiten erkennen, behandeln, vermeiden*, BLV Verlagsgesellschaft, München
Eberhard Trumler, *Hunde ernst genommen,* Piper Verlag, München
Eberhard Trumler, *Hunde kennen und lieben*, Engelbert Verlag, Balve
Eberhard Trumler, *Trumlers Ratgeber für den Hundefreund*, Piper Verlag, München

Zeitschrift:
Der Dachshund, Deutscher Teckelklub, Duisburg

Urlaub mit Heimtieren in Deutschland
Anschriften von hundefreundlichen Hotels, Pensionen, Bauernhöfen, Campingplätzen; Hundestrände an Nord- und Ostsee, Tierwanderwege in Deutschland. Zu beziehen durch H. von Gimborn, Postfach 1320, D-4240 Emmerich.

Sachregister

Für alle, die ein Tier versorgen

Die praktischen Heimtier-Ratgeber. Tierexperten beantworten wichtige Fragen der artgerechten Haltung. Jeder Ratgeber informiert über Anschaffung, Pflege, Ernährung und über die Behandlung im Krankheitsfall.

Leicht verständliche Texte, reizvolle Farbfotos und informative Zeichnungen helfen dem Tierliebhaber, sein Tier besser zu verstehen und gesund zu erhalten.

Auch für Anfänger geeignet.

In dieser praktischen und preiswerten Buchreihe sind bis heute erschienen:

- ***Das Aquarium***
- ***Der Beo***
- ***Hamster***
- ***Kanarienvögel***
- ***Kaninchen***
- ***Katzen***
- ***Langhaarkatzen***
- ***Mäuse***
- ***Meerschweinchen***
- ***Nymphensittiche***
- ***Papageien***
- ***Schildkröten***
- ***Schlangen***
- ***Streifenhörnchen***
- ***Unzertrennliche – Agaporniden***
- ***Wellensittiche***
- ***Zebrafinken***
- ***Zwergkaninchen***
- ***Dackel***
- ***Pudel***
- ***Schäferhunde***
- ***Spaniels***
- ***Schafe***
- ***Ponys***
- ***Zwerghühner***

Jeder Band mit vielen Farbfotos und mit informativen Zeichnungen. Paperpack.

GU
Gräfe und Unzer

Sachregister